妙好人めぐりの旅

親鸞と生きた人々

浄土真宗本願寺派布教使
伊藤智誠

法藏館

妙好人めぐりの旅——親鸞と生きた人々＊目次

目　次

目次

目次

妙好人めぐりの旅

——親鸞と生きた人々

装丁　井上二三夫

六連島のお軽さん

妙好人めぐりの旅

「六連島のお軽を語る」という故牧野専精先生の法話に深い感動を受け、私が念願の六連島を訪問したのは、一九八八年二月十日のことだった。六連島は山口県下関市にあって、下関の北西方面の沖、響灘に浮かぶ周囲約五キロの小島である。在来線のJR下関駅から徒歩約五分の竹崎港から高速船に乗ると約二〇分で島に着く。

今はこうした経路もすべてインターネットで調べられるが、当時はそんな便利なものはなく、電話や手紙などで逐一ルートを検討し発車時刻を調べて手配する、まさに手作りの旅だった。

旅の一日目は、ＪＲ下関からバスで十数分行ったところにある御裳《みも》濯川《すそがわ》町の「源平荘」で宿をとった。道すがら見ると、ふぐのうまい季節だからか、ふぐの絵の描かれたのぼり旗が各所で風になびいていた。宿の「源平荘」という名も源氏と平家をミックスしたような名前で面白い。深夜の部屋の窓から、闇に光る関門橋を眺め、翌日六連島へ行く感激で寝付けなかったことを今も鮮明に記憶している。

翌朝、船の出発までの時間を利用して、赤間《あかま》神社と壇の浦あたりを歩いてみた。「安徳帝御入水之処」とある石碑には、二位の尼（平清盛公の妻）の辞世が刻まれてあった。

今ぞ知る
みもすそ川の

本堂で話される西村眞詮師

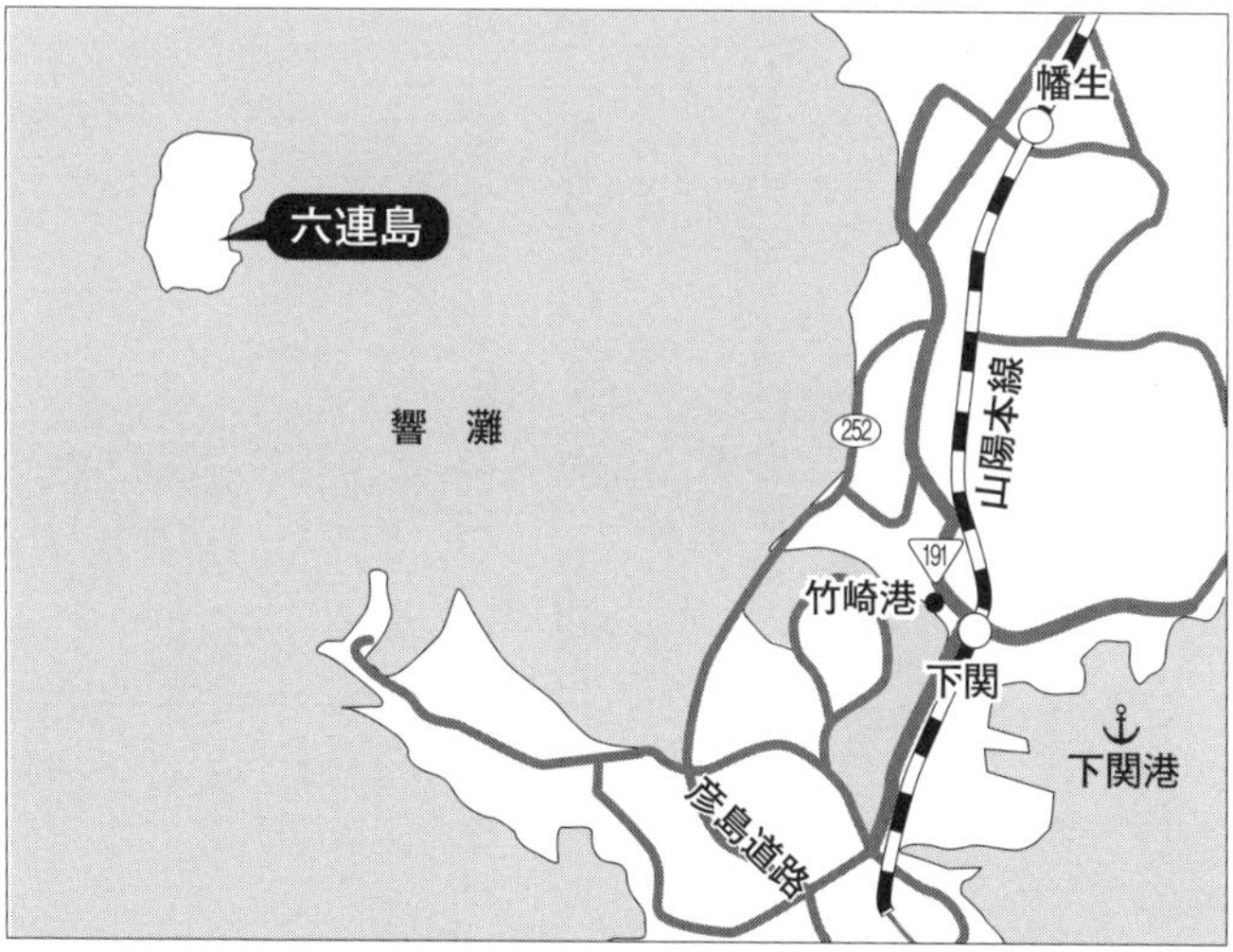

▶六連島への交通→ JR 山陽本線の下関駅で下車。市内の竹崎港から六連島行きのフェリーに乗船。1 日 4 往復（夏季 5 往復）運行。

御ながれ
波の下にも
みやこありとは

しかし、安徳帝が祭られてあるという赤間神社を見学してみると、いろいろなお札《ふだ》がたくさん販売されていた。招福札の販売だ。神社そのものも、時間の経過とともに変容していた。

安徳帝が、入水《じゅすい》自殺だから、想像しただけでもその苦しさは分かる。しかし、時がたち歴史上の戦いも風化すると、いつの間にか安徳帝は「水の神」となってしまって、ここに参れば水商売が繁盛するというご利益に変わっている。これには驚いた。世間というものは、自分にかかわりのないことに対しては、実に勝手に言いたい放題のことを言う。水をのみ苦しみながら死んだ方を「水の神」とする人びとの発想が私には理解できないのだが。

地獄へ落ちる

六連島に着港し、山手の方向を見上げると、山の中腹にお軽同行《どうぎょう》が育てられたお寺、浄土真宗本願寺派西教寺が望めた。お軽さんはこの西教寺の門徒であり、当時の住職は八世現道《げんどう》師であった（私が訪ねた時の住職は西村眞栓師）。

急な坂道を10分程歩いて西教寺に到着した。静けさの漂う本堂に入ると、天井から自在鈎がつるされ、鉄瓶がかかっているのが見えた。

私しゃ自在鈎　阿弥陀さまこざる　落としゃなさらぬ　火の中に

と書いた紙が張り付けてある。

いろりの上から自在にのびる鈎《かぎ》が落ちないのはこざるという止め木のおかげ。阿弥陀さまこそこの「こざる」で、私を地獄の火の中に落ちるのを止めてくださっています、と詠んだものだ。

昔のお同行方、ことに妙好人と呼ばれる方々には、地獄が何より恐ろしいものであった。それに比して現代人が地獄を知らないということ、また地獄に落ちる怖さも感知しえないのは危機的な社会状況ではないだろうか。幼な子を自己の欲求充足のために殺したり、金や物欲のための犯罪が絶えないのはなぜか。現代人の心から地獄の教えが完全に消え去ったからではないのか。

私の手元に、お軽さんの寺、六連島・西教寺の故西村真詮先生のお手紙がある。平成十（一九九八）年二月十日付。拙著『道を求めて』をお贈りした際のお礼状である。

「『道を求めて』有難く頂戴いたし、三日がかりでゆっくり読ませていただきました。心より御礼申し上げます。……最近この自在鈎の歌が必ず、口から流れてくる。これは四十八願無三悪趣之願、設我得仏、国有地獄、餓鬼畜生者不取正覚のお言葉である。……」という内容だが、この国に地獄や餓鬼に落ちるものがあれば、仏さまは正しく覚《さと》りませんと説く。ここが古来妙好人たちや真宗門徒にとっての大きな救いになった。地獄恐ろしやの思想と現実があった。正直でなければならない、虚言を言ってはならないという教えがあった。

妙好人・お軽さんに学びたいのは、安楽地獄よりは重荷極楽の方がありがたいという宗教的法楽《ほうらく》の生き方である。現代人が物で栄えて心で滅ぶと言われている逆の世界がここにある。経済的にも知識や教養の面でも恵まれていなくても、心豊かな生活が妙好人にはある。

重荷背負うて山坂すれどご恩おもえば苦にならず　ならぬはずだよお慈悲にだ

かれ親（仏さま）と二人の日ぐらしよ　どんざ（どてら）着るともおいわれ（必ずお念仏で救うという真宗の教え）聞けばきぬやこそでをきたこころ（略）

こんなに貧しく、変わり者の私でも、やがて浄土のはなよめになれると、信心を心から喜ばれたうたである

お軽さんの生涯

お軽さんは「於軽」とも書く。六連島で一八〇一年（享和元年）の幕末に大森岩吉の二女として生まれ、姉が一人いたが、幼いときに亡くなって、以来一人娘として大切に育てられた。

六人の子をもうけ、島で五十六歳の生涯を閉じたのであるが、その境涯は波瀾万丈で苦渋に満ちたものであった。しかし、お軽さんはそうした苦難を機縁として、

念仏者として仏の慈悲と救いに深く出遇っていくのである。

子供の頃からお転婆で気性の激しいお軽さんにはなかなか婿養子のきてがなかったが、十九歳のとき、やっと二十七歳の幸七さんというおとなしい青年が来てくれた。

当時六連島の人々は、芋やごぼう、麦、らっきょう等を作り、そうした作物の行商によって生計を立てていた。十日も二十日もかかって下関や北九州などを売り歩いたという。幸七さんも行商に出ていたが、どういう魔が差したのか、北九州のある村で愛人ができ、お軽さんの待っている六連島に帰らなくなった。お軽さんのきつい性格にだんだん嫌気がさし、家に帰りたくなくなったのでは、といわれている。

嫉妬と怒りに半狂乱になったお軽さんは、自殺まではかったが未遂に終わった。それでも何とか救われる道をと、当時の住職現道師のもとへと寺通いを始める。

最初の頃は、「幸七さんの浮気はあんたの為にはかえってよかった」といった師の言葉にカッとなって帰ったこともあったという。

しかし、逆縁や逆境体験こそ転ずれば、真の宗教的な教えとなる。親鸞さまの教えにも、「転悪成善」と言って、この人間社会にはよく善と思うことが悪に転じたりすることがあると説かれているように、現道師が「幸七さんの浮気は、あんたのためには良かった」といった言葉は、傲慢《ごうまん》で勝ち気なお軽さんが変わるための転機となったと思われる。

お軽さんの歌

お軽さんが、初めてお念仏の喜びに遇われたのは三十歳ころといわれている。以来多くの歌を詠み、それらがいまも残されている。文字は書けなかったお軽さんに多くの歌が残されているのは、現道師の指導と記録によるものと、西村先生は語っ

ておられた。その幾つかを紹介すると、

聞いてみなんせまことの道を　無理なおしえじゃないわいな
まことをきくのがおまえはいやか　なにがのぞみであるぞいな
自力はげんでまことはきかで　現世いのりに身をやつす
領解《りょうげ》すんだるその上からは　ほかの思案はないわいな
ただでゆかるるみをもちながら　おのがふんべついろいろに

わしがこころは荒木の松よ　つやのないのをおめあてよ
きのう聞くのも今日またきくも　ぜひにこいよのおよびごえ
たかい山からお寺をみれば　御恩とうとやたからやま
たから山には足手をはこぶ　むなしかえりをせぬがよい
六つれがみとかす大悲の誓いゆえ　おもきさわりもいとどかるがる
あゝうれしみのりの風にみをまかせ　いつもやよいのこゝちこそすれ

よきこころあるかとむねをたずぬれば　ただはずかしの心ばかりぞ

（西村真詮『おかる同行』より）

天保三（一八三二）年に博多の仙崖《せんがい》和尚がこうした歌を見て大変喜ばれ、お軽さんのことを「経陀羅尼《きょうだらに》」と歌にも詠まれたという。

信を得しよろこぶ言の葉は　かなにあらわす経陀羅尼なり

天保三年といえばお軽さん三十一歳のときである。信仰の道にまっすぐに歩み始めたときのことである。それから十三年後には、広如上人より帰敬式を受けたという。お軽さん四十四歳のことである。

三男・亀吉への手紙

お軽さんには六人の子がいた。一番末の三男・亀吉を十五歳で下関の信田清七宅に奉公に出した。そのころの亀吉に送った手紙がある。嘉永三（一八五〇）年のことである。お軽さん四十九歳。三十四歳で産んだ子だから、相当気にかかっていたようだ。今も昔も、親は子を多くもつと、末子が一番気になるものである。忠や孝が出てくるところに、今とは違う、当時の社会規範がうかがわれる。

兎角お慈悲を喜ばしゃんせ。永い浮世と思わぬことぞ。亀は萬年の寿命と聞けど、私もそなたも身は不定。今は一夜のかりの宿。やがてたがいの親里へかえるあいだの身のつとめ。朝は早起宵寝をせずに、誰のおうせもただあいあいと、返事すなおに諸事正直に、つとめしやるが忠と孝。海山を西よ東とへだつれぞ、南無阿弥陀仏にへだてなければ。

嘉永三年戌二月三日

六連母より

亀吉殿

（西村真詮『おかる同行』より）

この亀吉さんは後に「私ほど親不孝なものはない。二歳のころ母がそばを打っているすきに、炉に落ち込んだという。母は涙ながら私にわびた。こんな親不孝者（亀吉）は私一人だ」と言うのが口ぐせであったという。

野口英世の母もそうであったと思うが、仕事をしながら子育てをする当時の母親たちは大変神経を使わなければならなかった。火を使う炉は一つ間違えばとても危険な場所だった。

お園さんとの共通点

お軽さんの信心究極の円熟の歌とも思えるのが次の歌である。

おのがふんべつさっぱりやめて　弥陀の思案にまかしゃんせ

思案めされやいのちのうちに　いのちおわればあとじあん

「あと思案」では、後に書かせていただく三河のお園《その》さんにもよく似たところがある。お軽さんはお園さんが二十四歳のときに生まれているから、ほぼ同時代。お園さんは、愛知県渥美郡田原というところの妙好人である。

私たちははるか昔から流転《るてん》・輪廻《りんね》を続け、生まれ変わり死に変わりしつつも、今こうして生きている。妙好人たちの素朴な言葉の中に、お釈迦《しやか》さま、親鸞さまの大乗仏教（どんな人をも救う）としての救いを読みとるべきではないだろうか。ことに、お念仏は誰でもでき、誰でも救われてゆく易行《いぎよう》（たやすく、行いやすい）の道なのである。親鸞聖人の次の和讃（高僧和讃）が思いおこされる。

龍樹大士世にいでて（龍樹さまは世に出られ・以下筆者意訳）
難行易行のみちをしへ（難行と易行の二つの道を説かれ）
流転輪廻のわれらをば（迷っている人びとを見るに見かねられて）
弘誓《ぐぜい》のふねにのせたまふ（易行の念仏しか救いなしと説かれた）

お軽さんは、しゃれっ気のある女性だったらしい。こんな歌がある。自分の命は枯草の先の露のような命、私が死んだあと「お軽さんはどこへいかれたんかなぁ」

と尋ねる人がいたら、この歌を読んでほしいと。

亡きあとにかるを尋ぬる人あらば　弥陀の浄土に行たと答えよ

これがお軽さん最後の歌と伝えられる。この三カ月後安政三（一八五六）年、当時流行したコレラにかかって亡くなった。

なお幸七さんはその後なんと八十八歳まで生き、明治十二年に亡くなられた。お軽さんの死後二十四年のことである。二人の墓は今、海のよく見えるところにあり、「釈教真信女」「釈幸深信士」と書かれた墓標のもと、ふたり一緒に眠っておられる。

昭和三十年（一九五五）五月にお軽さんの百回忌法要がこの六連島で行われた。西本願寺嬉子御裏方様も参詣され、全国の僧侶、門信徒、学者総勢約二万人が集まり、一時「島が沈む」とまで言われ、その徳は今も「六連島の妙好人お軽」として偲ばれている。

六連島のお軽さん
安政三(一八五六)年正月十六日往生
行年五十六歳

讃岐の庄松さん

三部経を背負う

平成十（一九九八）年十二月、庄松さんゆかりの寺・香川県の勝覚寺を訪ねた。和歌山港から徳島港行きのフェリーで海を渡り、車で一般道路をひた走って大川郡大内町三本松（現・東かがわ市三本松）にある真宗興正寺派勝覚寺に到着した。早速、坊守さんの案内で本堂に入ると、有名な法話のもととなった、使い古された三部経が余間の棚に保管されていた。この三部経にまつわる話は庄松さんのとっぴな性格を見事に表している。

三部経とは、真宗では法事のときにあげる経典のことで、『仏説無量寿経』『仏説観無量寿経』『仏説阿弥陀経』を指す。

あるとき法事があり、庄松さんは住職に伴われ三部経を持って施主の家に行った。住職が玄関から上がりかけると、庄松さんも一緒について行こうとした。庄松さんは当時、お寺で雑役係をしながら養ってもらっていたので住職と庄松さんとの間には厳しい上下関係があったと考えられる。当然、住職は庄松さんに「お前は台所の方から入れ」と言った。

そこで黙っていられないのが庄松さん。住職に向かって「お前さえここから上がるでないか」「おれは背中に三部経を背負うてるだ」と一喝した。つまり、住職といっても、この仏説の三部経よりは偉くないというのが庄松さん一流の論理であり、やや激しいと思われるほどの法悦の世界だったのだろう。庄松さんの機転と金剛の信から来る、異常とも見える行動が人を目覚めさせるのだ。権威などにみじんも屈

勝覚寺境内にある庄松さん像

▶東かがわ市三本松への交通→ JR 高徳線の三本松駅下車。車では、高松東道路白鳥大内 IC で降りる。勝覚寺へは、三本松駅から徒歩約 7 分。

しない。

代官との対話

庄松さんについてはもう一つ有名なエピソードがある。草薙金四郎著『庄松同行ありのまゝの記』（安本一正校閲、赤沢明海発行）によると、大庄屋の家に代官《だいかん》が泊まり、庄松さんが風呂たきをしていたときの話である。代官が「風呂たき、背中を流してくれ」と言った。庄松さんは「おう、よし流してやる」と答え、代官の背中を見ながら「盗み食いしてよう食らい、肥えとる」と言った。さらに、代官の背中をポンと一つ打って「御恩忘れな」ともつけ加えた。

このやり取りがあった後、代官が「あの風呂たきをここへ呼べ」と命じた。庄屋の家の者は手打ちにあうと思い、大変心配した。何しろ、切り捨て御免の時代のことであり、現在とは事情がまったく違う。だが、みんなの心配をよそに庄松さんは

「おう、行ってやろう」と代官の前までつかつかと歩いて行った。すると代官は「お前は正直者だ」と褒《ほ》めたというのである。

お墓のエピソード

庄松は学問もなく、文字も読めなかった。あるとき勝覚寺の弟子が住職に可愛がられている庄松をねたみ、困らせてやろうと思い三部経の下巻をとり出して、庄松に「お前は有難い同行だから、この御文を読んでみよ」と言うと、庄松は「庄松を助くるぞよ、助くるぞよと書いてある」と言ったという。

『御文《おふみ》』（本願寺派では『御文章《ごぶんしょう》』）も逆さまに読んだという話は有名だ。逆さまに読んでも「庄松助かる」「庄松助くる」と領解《りょうげ》（理解）したのだから、たいしたものではないか。その立派なお同行は今もその徳がたたえられている。

今日的な学問・教養も問い直すときが来ているということかもしれない。親鸞さまの和讃（正像末和讃）が思い出される。

よしあし（善や悪・筆者注）の文字をもしらぬひとはみな
まことのこころなりけるを
善悪の字知りがほは
おほそらごとのかたちなり

臨終（死）が近づいた、生涯独身でひとりぼっちであった庄松さんに、友達の市蔵同行が哀れに思い「墓を建ててやる」と言った。同行たちに呼びかけ、話もまとまったが、庄松さんは笑みも浮かべず「おらぁ、石の下にはおらぬぞ」と言ったという。その墓は、今もひっそりと小沙《こざれ》という所にあり、釈正真と刻まれている。

世界的に有名な仏教学者である鈴木大拙氏は、この讃岐《さぬき》の庄松さんのことを御前《ごぜん》講《こう》で天皇（昭和天皇）に話されたという。大拙氏は英文の著書『THE ESSENCE OF BUDDHISM（仏教の大意）』（法藏館刊）で庄松さんをしばしば引用している。そして、禅の最高峰の境地と同じか、もしくはそれ以上とたたえている。そのもととなった書が『庄松同行ありのまゝの記』である。

庄松の生い立ち

庄松は香川県大川郡大内町土居村の農民、谷口清七の倅《せがれ》として生まれたとされているが、私が勝覚寺を訪問して聞いた話では、谷口家は今も近くに何軒かあり、一人のおばあさんが「庄松のいた谷口家にもともと子はなく、そこにわらじを脱いだ人の子だった」と証言しているという。

庄松さんが子どものころ村の子たちにいじめられ、山の中に一時逃げて出てこなかったという話も聞いた。なぜ、この事に触れるかというと、庄松さんについては、何か世間に対する反抗心をあらわにした突拍子もない話が多いのが気にかかるのである。

当時村の子どもたちは庄松の生い立ちを知っていて、いじめたのではないか。そういう生い立ちの中で仏への信が深まっていったのではないかと推量するのである。庄松にとっては「唯仏是真《ゆいぶつぜしん》」の宗教体験であったのかもしれない。

また庄松さんは明治四（一八七二）年に七十三歳で亡くなっているので、私が得た話は、父から祖父とたどっていけば手の届く頃の話と思うのであるが、今もって庄松さんには不明なところが多いと言われている。

突拍子もない話の一例。庄松さんがある日、寺の本堂で子守のため両手をつき逆立ちをしていた。他の同行たちが笑ったり、はやし立てると、庄松さんは「お前たちが（地獄へ）落ちてゆくまねじゃ、まねじゃ」と応酬した。前に述べた、住職と三部経の話、代官との風呂での話にも通じる反抗的な言動である。

またあるとき、ある家の女房から薪《まき》（当時の燃料）が無くて困ると言われ、庄松さんは「薪がなけりゃ仏壇へ行って来い」と応じている。毎日使う薪が無いような不精進者の家には、仏恩報謝《ぶっとんほうしゃ》の念仏もないだろう。仏壇の花も枯れているだろうし、仏飯もあるか怪しいものだ。だから、枯れた花で火をたけという庄松さん一流の一喝である。全体的に、こうした一喝の話が庄松さんには多い。

庄松さんは、人間のことを「糞袋《くそぶくろ》」と言ったり、緋《ひ》の色衣《しきえ》を着用していた当時の真宗興正寺派ご法主・本寂上人の姿を「赤牛」と言ってみたりもしている。つまるところ、糞袋の人間も赤牛のお偉い方も、みんな如来さまのおかげで助かり「地獄行きが極楽行きに変わるとは、ありがたいのう」というのが、庄松さんの信心なのである。

孤独と共に生きる

人間（他の同行衆）に反抗的でありながら信心で動く庄松さんは、生涯独身であった。ほかの妙好人にみられる親や子（家族）との離別や不幸は見当たらない。前述のように「わらじを脱いだ人の子」であるとしたら、幼少のころから不幸や孤独や逆境の中にいた。「山に逃げ込んだ」話もよく分かる。今ふうに言えば、いじめの被害者でもあったのではなかろうか。そういう孤独を生きる者の、磨かれた感覚を感じるのである。

そこで庄松さんには、一人でも強い仲間が必要になるのである。そして、いじめのただ中にいる庄松さんにとって、その強さを求める対象は、阿弥陀如来以外にあり得なかったのではないか。聖徳太子は「世間虚仮《せけんこけ》、唯仏是真《ゆいぶつぜしん》」と説き、親鸞さまは「ただ念仏のみまことと」と説かれた。この唯仏と念仏のみを生涯強い味方とし、それ以外のほとんどすべてを否定して生きた方と言えるのではないだろうか。

人間誰しも孤独は怖い。しかし「威儀即仏法《いぎそくぶっぽう》、只管打坐《しかんたざ》」（道元）の世界は、一人で坐禅することから始まるのである。そして清浄の心を、寂滅為楽《じゃくめついらく》を得る。鈴木大拙氏が特に庄松さんを選び、著書に何度も引用し、禅の境地か、それ以上とたたえたのは、もともと庄松さんの境遇に孤独や仏との対峙が運命づけられていたとみたからなのではないか。

ある日の深夜零時ごろ、庄松さんは寺の門をたたき「開けてくれ、開けてくれ」と叫んだ。住職が訳を聞くと「地獄、極楽、まことにあるか」と問うた。「ばか言うな、仏説にうそがあるか」と一蹴《いっしゅう》するが、庄松さんは執拗《しつよう》に問いただす。住職はくり返し「仏説まことなり、うそはない」と説く。

庄松さんはそこで「疑いが起きたのは、住職がこの世で一番かわいい妻や子が仏法を聞いていないからだ。人に勧めて、わしをだましているのではないか。ないものをあるように教えているのではないか」。つまり、人には勧めて自分は食わぬ毒饅頭ではないかというのである。住職はその後、自分の不信心と不法義を恥じて懺《ざん》悔《げ》し、心を改めたという。

命がけで孤独と一緒に生きている庄松さんと、仏法を所帯とし、念仏を生きる手段としている者の間には、必然的に感覚の差が起きてくるということであろう。庄松さんは僧俗共に相手にしてよく一喝する方だ。「世帯仏法、腹念仏」という言葉も古来よりあるが、このような仏法では庄松さんの一喝の心を真に理解しえないのではないか。庄松さんの気概を忘れてはならない。

今、真に欲しいのは学問や教養ではなく、字も逆さまに読むことさえある庄松さんのまことの一喝なのである。地位、名誉、財はなくとも、字も知らず、学問・教養がなくとも、正直で正しく生きたこの庄松さんの生き方を学ぶべきではないだろうか。

讃岐の庄松さん

明治四（一八七一）年三月四日往生

行年七十三歳

浅原才市さん

才市さんの風土

妙好人・浅原才市《あさはらさいち》さんの生まれ故郷、島根県邇摩郡温泉津《ゆのつ》町（現・島根県大田市温泉津町小浜）を訪ねることになったのは、大阪真宗寺の故牧野専精師よりよく聞かされた次の歌がご縁となった。

うちのかかぁの寝姿見れば地獄の鬼のそのまんま　うちには鬼が二匹（男鬼に女鬼・筆者注）おるよ　あさまし、あさまし、なんまんだぶつ才市さんの歌にはいつも、「なんまんだぶつ」がにじみ出る。この歌から考えると、お念仏は自分を写す鏡の働きもするのだ。人の悪がよく見え、わが身の悪に気づかずということもよくある。

真宗ではインド、中国、日本に七人の高僧方がいる。人間が深い迷いから救われてゆくのは念仏以外に道がないというのが、本願念仏を伝えてきた高僧方の共通性なのである。

飯《まま》を食べるも南無阿弥陀仏、道をあるくも南無阿弥陀仏

時にはユーモア交じりで「腹がたったら念仏もうせ、仏《ぶつ》もぶつぶつ南無阿弥陀仏」。才市さんの心の余裕を感じる。きっと腹の立つことも多かったのだろう。そ

のとき、仏の声が「私も一緒にいる」と聞こえてくる。才市さんは喜んで「なまんだ、なまんだ」と申し、心が転じられたのだろう。

こんな歌もある。

石州こばま（小浜）はよいところ、ちしき（知識）にあわせて弥陀をきく、なむあみだぶのもんにいらせて

小浜を「よいところ」と詠む才市さん。自身が育った風土に対する深い愛を感ぜずにはいられない。実は、私の妙好人めぐりの旅も、円《まる》い空気、山、川、それと土のにおう風土を求めた人間性回帰への道と思っている。

才市さんは、入信から死に至るまでの約十七年間に、約一万首もの歌を詠んだらしい。確認されているのは約五千首ほどだ。才市さんに関する出版物、論文などは

相当な数で、私が足を運んで知り得た話や入手した資料を基にして、私なりにその実像に迫れたら、という願いがあった。

とても貴重な協力と手掛かりを与えてくださったのが、才市さんゆかりの浄土真宗本願寺派安楽寺の住職、梅田謙道先生だ。記念すべき会見の日は平成十二（二〇〇〇）年五月四日だった。この出会いによって後に記する「有福《ありふく》の善太郎さん」と深い縁をもつことにもなるのである。梅田先生の車で、途中大渋滞の中を缶入りの茶を片手に、一時間以上ドライブし、島根県浜田市にある善太郎さんのお寺まで送っていただいた。車中、旧知の傑僧、同県江津市の本願寺派蓮敬寺の故冨《ふ》金原劫《きんばらこう》照《しょう》師の「寺院建立記」も聞かせてもらい、感激した。

梅田先生と奥様には山陰の温かく円い空気を満喫させていただき深く感謝したい。「次はうちのお寺に泊まってください」ともおっしゃってくださった。温泉で初めて出会った人と自然にできる会話にも心がなごんだ。この山陰の風土が、妙好人・

浅原才市翁を育てたのだ。禅と念仏の研究で知られる鈴木大拙氏は、その著『日本的霊性』（岩波文庫）の中で稀有の宗教詩人として、才市さんを世界に紹介された。

また、安楽寺でいただいた真宗大谷派の佐藤平先生の学術的な詳細な資料にも感謝したい。才市さんを育てられた梅田謙敬《けんきょう》先生（謙道先生の祖父）の坊守・さよさん（兄は文学者の島村抱月）のほか、大久保あさの、林きくなど、才市さんが大変尊敬した同行衆がいたのである。そうした周りの環境によっても、才市さんは育てられていったのである。

才市さんの頭の角

平成十二年五月四日、私は岡山から伯備線を通って温泉津に向かった。途中、宍道湖と出雲に止まったが、特急「スーパーやくも号」でも四時間はかかる。北上する列車は才市さんの故郷、温泉津に向かっている。

下駄に描かれた才市さんの像

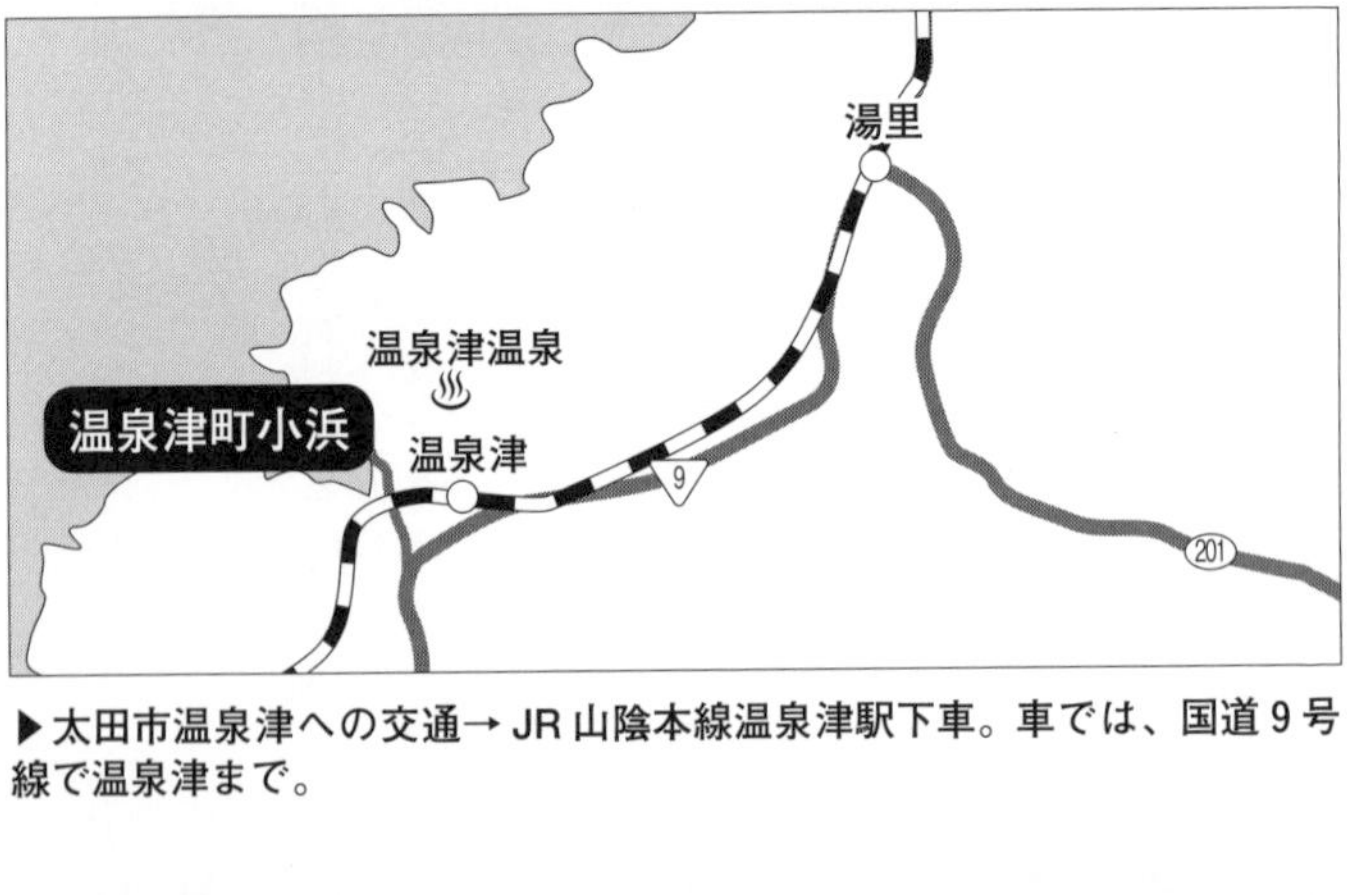

▶太田市温泉津への交通→ JR 山陰本線温泉津駅下車。車では、国道 9 号線で温泉津まで。

山あいの田畑は穏やかで、どこか懐かしく、心なごむ風景ばかりだ。その風土と、自然と温和で円い空気からくる豊かな空間は、人間が人間になるための土壌と堆肥の働きをしているものだと確信した。

その日の宿を温泉津で確保し、温泉津温泉の藤の湯という温泉も下見しておいた。地震でひび割れして湯が噴き出してきたもので、千三百年も前に泉源が発見されたという。夜はその湯で体を癒したが、五月の連休などは客が絶えないそうだ。そのころ、作家の水上勉さんも宿を長期借り切って才市さんのことを調べ、執筆していると聞いた。

温泉津の町の中心地に大きな下駄《げた》を背景にした才市さんの像がある。その像の頭から角《つの》が出ているのを見て、「角は何歳ごろから生えたのですか」とゆかりの寺、安楽寺で尋ねる観光客もかつてはいた。これには梅田先生もびっくりしたという。

この像は、夜はライトアップする。町の真ん中に妙好人の大きな像が建てられているのは、全国的にも珍しいだろう。真宗のご法義どころならでは、である。才市さんは下駄職人だったので下駄を背景にしている。

他の宗旨が混在しているところでは、宗教上の思惑もあり、一宗の妙好人の像を町の真ん中に建立することは困難ではないだろうか。その才市さんの角は、若林春暁画伯に才市さんが頼み、わざわざ角を付けて描いてもらったものである。妄念、怒り、邪見の心の角なのである。

梅田謙敬師の文

若林画伯の絵を見た当時の住職、梅田謙敬先生は次のような漢文をしたためた。合掌する才市さんを描いた掛け軸の上に記されている。

「有角者機、合掌者法、法能摂機、柔軟三業、火車因滅、甘露心愜《きょう》、未至終焉、

華台迎接」（角あるは機なり、合掌するは法なり、法よく機を摂し、三業を柔軟ならしむ、火車の因滅し、甘露心に愜《あきた》る、いまだ終焉に至らずして、華台迎接す）

機は人間のことである。つまり、救いの対象者。法とは救う側の仏さまのことだ。法よく機を摂するのであるから、仏さまは、角のある人間を救うということである。火車の因、つまり地獄行きの車。罪業の私たちの業因を消して、甘露心に愜《あきた》る。甘露は永遠の命、こころよし、満足するという意味である。まだ命があり、生きているのに仏さまの蓮華の台に座らせていただいている。

素朴な才市さんの歌がある。

さいちやどこにおる　浄土もろうて、しゃばにおる　これがよろこび　なむあみだぶつ

南無は娑婆で　阿弥陀は浄土　娑婆と浄土は　一つもの

才市や、臨終すんで葬式すんで　みやこに心すませてもろて　南無阿弥陀仏と浮世におるよ

わたしゃいま　娑婆で、法界諸仏に　護《まも》られて

かぜをひくとせきがでる　さいちが御法義のかぜをひいた　念仏のせきがでるでる

わたしゃ罪でも六字の慚愧《ざんき》　わたしゃ罪でも六字の歓喜

歌はいずれも人間と仏が一つであるという。つまり、生きながらにして、法（仏

さまの救い）によって蓮華台にのせてもらっているということである。
またこんな歌もある。

才市が極楽どこにある、心にみちて身にみちて、南無阿弥陀仏が、わしが極楽
娑婆でたのしむ極楽世界ここが浄土になるぞ嬉しや
才市や、どこに寝ておる、おるか。
娑婆の浄土に寝ておるよ、おこされて参る、弥陀の浄土に

才市さんが「娑婆の浄土」にいるとはおもしろい。生きながら浄土にいるから死んでも浄土にいる訳である。親鸞が門弟たちと死別していくときに、「かならず、かならずひとつところへまいりあふべき候」（「親鸞聖人御消息」）と、語られた意味を才市さんは見事にこの歌でとらえたのだ。これを古来、真宗では機法一体《きほういったい》という。

梅田謙道先生には、この掛け軸のほか、寺にある才市さんの資料館なども見せていただいた。あまり知られていない才市さんの側面も語っていただいた。

島村抱月と妻セツ

謙道先生は才市さんを育てられた謙敬先生の孫。夫人のさよさんは祖母にあたる。さよさんの兄、島村抱月は早稲田大学の教授で、島根県出身の人だ。松井須磨子（大正時代を代表する女優）との不倫問題があり、さよさん在世中は「あんな芝居ものは見に行くな」と言われたらしい。

「芝居もの」とは大正期に、地元島根で使われた言い方で、恋愛もの、心中事件もののことを言った。当時は世間の目がそうしたことに冷たく、差別的だった。文芸評論家にして劇作家でもある抱月は須磨子と、芸術座を通じて西洋の近代劇を紹介しようとした。大正五年、四十七歳で亡くなり、須磨子は三十三歳で後追い自殺する。さぞかし当時の世間を騒がせただろうと想像できる。

才市さんは安楽寺に朝夕来て、本堂に入った。伽藍《がらん》の扉を開け「阿弥陀さん、おんしゃるかいのぉ（いらっしゃいますか）」と言って手を合わせ、仏さまの方を見つめ、それから帰るのが日課だったようだ。才市さんは不思議な人だ。亡くなるまで法悦の歌をノートや、時にはかんなの削りくずにまで書いていた。

謙道先生から貴重な写真もいただいた。才市さんは足し算はできるが九九《くく》が怪しかったという。しかし、見事に仏さまのお慈悲に会って行かれたのだ。

あまり知られていないが、才市さんの妻、セツさんはお寺参りが嫌いだったという。夫婦げんかも絶えなかった。妻が寺に参詣せず、そりが合わなかったのだろう。冒頭にも挙げた歌だ。「うちのかかぁの寝姿見れば地獄の鬼のそのまんま　うちには鬼が二匹おるよ　あさまし、あさまし、なんまんだぶつ」

この歌は有名だが、その背景が妻の不信心とお寺嫌いにあったとは。哲人ソクラテスの妻が悪妻だったことがソクラテスを育てたように、不信心者のセッさんが才市さんを育てたのかもしれない。英語圏のことわざにも「靴屋の奥さんがはだしで走る」というのがある。きっと、この娑婆は皮肉で不思議なところなのだ。「金持ち金使わず」「ほえる犬弱し」「深い川は静かに流れる」など、パラドックスはいくらでもある。

才市さんの家庭

才市さんはセツさんより一つ年上である。この妻に、才市さん四十五歳のとき、西本願寺で帰敬式《ききようしき》を受けさせている。結婚して二十年後に寺嫌いのセツさんも帰敬式ということになる。

その翌年、長女サキが十八歳で婿に源治を迎えるが、一年で離婚。二十三歳のときに再婚、徳太郎を迎えるが、二年後に離婚。さらに二十六歳で三度目の結婚をし、朝鮮に渡る。才市さんを悩ませたのは妻より娘のサキの方だろう。

才市さんはこんな歌を作っている。

浮世のことは、あてにならぬ　なったことが、くるっとかわる

よろこびは、風のようなもので　あてにはならぬ　吹いてにげるよ　あとかたもなし

歌の背景には才市さんのさまざまな人生体験があった。サキが、二十三歳のときに産んだ美登は一カ月で死亡。三十三歳で産んだ梅子も四カ月で死亡。三十四歳で産んだ武子がようやく無事に成長し、四十一歳のときに産んだ正代は、のちに才市さんの養女となった。

才市さんは、昭和七（一九三二）年に八十三歳で浄土に帰られるまで、家庭内で

の煩い事が絶えなかった。十一歳のとき、自分の両親が離婚することに始まり、大工の年季奉公、異父の弟・藤太郎との問題。才市さんは若き日、賭博が原因で逮捕されたこともある。そんなことも入信への道になったのだろう。

浅原才市さん
昭和七(一九三二)年一月十七日往生
行年八十三歳

有福の善太郎さん

草もち説法

妙好人「有福《ありふく》の善太郎さん」といえば、児童文学者の花岡大学氏もかつて童話にした「草もち説法」の話が有名だ。

善太郎さんは生涯に九回も本山参りの旅に出た。住んでいた有福（島根県浜田市下有福町）から広島までは徒歩。大阪までは船。そこから京都までまた歩く。往復百日余りの命がけの旅だった。

しかし、同行の奥さんも、手伝いの女性も家中で善太郎さんの京都の本山参りの土産話を楽しみにしていた。テレビやラジオ、新聞もなかった時代だ。そうした旅の話題は、どれほど楽しみだったことか。

本山参りの帰りには、可部《かべ》（広島市安佐北区）の同行の家に寄って一泊する習慣があった。

泊まった翌朝、善太郎さんが出発した後に、同行の家の袷《あわせ》（裏地付きの着物）がなくなるという事件があった。お手伝いさんに尋ねたところ、「善太郎さんがもっていかれました」と答えたので、家族の者も皆、その言葉を信じた。

その後、可部の同行は有福温泉（島根県江津市）に湯治に来て、帰りに善太郎さんの家に寄り、善太郎さんの盗みと偽善を「このタヌキ同行、キツネ同行」とののしった。すると善太郎さんは「そりゃ、悪うござんしたのう。家内がおりませんで、着物はどこかわかりません。これでまどいますけぇ（弁償しますから）、どうかこらえてやんなさい」と袷の代金を弁償したのである。おまけに「何もないけど、この仏さまのおさがりの草もちを持って帰って、家の人にあげてやんさい」と紙に包み、差し出した。

家に帰った可部の同行は「このもちに罪はない。みんなでいただこう」と言って配ったが、お手伝いさんだけがどうしても食べようとしない。理由を聞くと、泣きながら「私のような罪の深いものがこのもちを食べたら、どんなに恐ろしい報いを受けるかしれません。実は、あの袷はこの私が盗んだのです」と告白した。

家族はみんな驚き、有福の方向に向かって手を合わせて「許しておくれ、善太郎さん。知らずにいたとはいいながら、さんざんののしったことの恐ろしや。もったいない、もったいない」とわびた。

可部の同行は翌年、有福温泉に来た際に善太郎さんに謝り、お金を返した。以上が「草もち説法」として語り継がれている。（菅真義著『妙好人　有福の善太郎』百華苑刊）

浜田市下有福の光現寺本堂

浜田市下有福町への交通→ JR 山陰本線波子駅から車で約20分。車では、浜田道の浜田東 IC か江津西 IC で降りる。

その時も善太郎さんは以前と同じように、お慈悲の心に満ちて悠然と構えていたであろう。平常からよほど心を鍛錬しておかなければ、なかなかできることではない。信を得た方を不退転《ふたいてん》の人とも言うが、恥ずかしきわが心は毎日毎日、退転ばかりである。

この物語は、現代ではあまりはやらないかもしれない。しかし、私は人間にある仏性《ぶっしょう》を信じたい。いかに悪業を積もうとも、悪をも知り、善が知れるという世界を。つまりどんな善も、善は善だけで存在しないということを。

善太郎さんは四歳で母キヨと死別したことが原因なのか、心もすさみ「毛虫の悪太郎」という異名をとるほど悪業を働いた。なぜか四人の愛娘も育たず、三歳までに次々と亡くなった。

以来、自分には何か見えない大きな借金があると解し、念仏の法に出遇い、耳を傾けてゆくようになるのである。独学で覚えた文字の中には、当て字や絵文字さえ混じっているが、この善太郎さんほど親鸞聖人の深い信心のエッセンスワードを味わわれた方は少ないであろう。

最後の手記は七十四歳。「金剛の信心ばかりにてながく生死をへだてける、この善太郎」と書き残した。安政三（一八五六）年二月八日、七十五歳の生涯を閉じたのである。

冨金原劫照さんのこと

善太郎さんの生涯を思うとき、なぜか私は、同じ山陰の出身で島根県江津市の蓮敬寺に入寺された冨金原劫照《ふきんばらこうしょう》師のことを思い出す。すでに故人だが、復員後に各地を流転し、修羅を味わい、僧侶として生涯を求道一筋に生きた方だ。

安楽寺の住職・梅田謙道先生の車で善太郎さんの寺に向かうとき、私は梅田先生にお願いして、道中にある劫照さんの寺にも寄っていただいた。

劫照さんのお寺は落慶されてまだ日が浅いのか、本堂の瓦が光って見えた。静かな境内に立ったとき、私はなぜか劫照さんこそ「現代の妙好人」ではないかと考えていた。

僧侶作家の向谷匡史氏は、徹夜仕事のあとに、劫照さんの著書『慈光はるか』（永田文昌堂刊）を読み始め、「火の出るような気迫にとうとう最後のページまで引っ張られてしまった」と私に語ったことがある。

私は劫照さんとは、旧知の間柄である。私と同じゼミに、聴講生として入って来られて、いつも熱心に聴講されていたのである。そのゼミの指導教授であり、龍谷大学の学長や仏教伝道協会理事長を長年務められた信楽峻麿氏は劫照師をこう評している。

時には電話でも質問を受け、長々と講義をした。柔らかな和紙が水を吸いとるように、実に素直に親鸞の教えを受けとめられた。私は彼に真宗の一番大切なことを伝ええたように思う。それはまた、私が彼から、真宗のいちばん大切なことを、荷物として背負わされたということでもあった。……

（『慈光はるか』より）

劫照さんは著書で「私は、親の願いをふり切って、陸軍飛行隊を志願し、特攻隊に配属、敗戦直前、父親の死に目にあいたさに脱走し、陸軍刑務所へ。戦後は暴力団の世界で幅をきかし、……まさに如来さまに背を向けた荒涼とした人生を歩んでまいりました」と述べている。

一九九八年死去。七十一歳。その冨金原劫照師の出棺勤行《しゅっかんごんぎょう》を勤められたのが、善太郎さんのお寺（光現寺＝島根県浜田市下有福町）の住職、菅和順師だった。この暗澹《あんたん》たる末法的時代に、まさに流れ星のごとくの生涯であった。

慚愧なき時代

話が少しそれてしまったので、再び善太郎さんに戻る。
ここに有名な善太郎さんの手記がある。この手記は丸い額に入れられ、浄土真宗本願寺派光現寺の寺宝になっている。善太郎さんが七十歳のときに書かれたものである。

善太郎は父を殺し、母を殺し　その上には盗人をいたし、人の肉を切り　その上には人の家に火をさし　その上には親には不幸のしづめ　人の女房を盗み
この罪で、どうでもこうでも　このたびとゆう、このたびは　はりつけか、火あぶりか、打首か　三つに一つは、どうでもこうでものがれられん

さて、今の時代と比べてどうだろうか。今の人の意識と比べてみてどうだろうか。子どもへの虐待や殺人、放火、強盗、詐欺、有名大学の学生の集団暴行事件など毎日のように起きている凶悪な事件。犯人には罪悪感があるのだろうか。

善太郎さんが記している犯罪は、実際に行ったことではない。「心の悪と犯罪」の告白であり、悪業に対する痛みの告白なのである。

親鸞聖人に、自己の心を嘆き悲しんだ和讃（愚禿悲歎述懐和讃）がある。

悪性さらにやめがたし
こころは蛇蝎のごとくなり
修善も雑毒《ぞうどく》なるゆゑに
虚仮《こけ》の行とぞなづけたる

蛇蝎奸詐《じゃかつかんさ》のこころにて
自力修善はかなうまじ
如来の廻向《えこう》をたのまでは
無慚無愧《むざんむき》にてはてぞせん

現代は慚愧（恥じること、恥ずかしいと思うこと）のない時代ではないだろうか。自己の行為に慚愧がなく、むしろ自己の欲求を満たすためには、殺人も詐欺も強盗も平気である。ましてや心で思う犯罪など無罪同然である。この心の痛みなき時代が、現代の怖さなのである。痛みの世界がない。

毛虫の悪太郎

有名な逸話がある。

ある夜、ナシの実を盗みに来た二人の若者が善太郎さんの家の庭の木に登ってい
た。善太郎さんは、降りるときに危ないからと、はしごを持ってきて木にかけて
やった。

ある時、善太郎さんの納屋の軒につるしてあった干し柿を盗みに来た若者がいた。
善太郎さんは「若い衆、暗いけえのう。けがあせんように取ってかえんさい」と
言った。若者は恥ずかしくなり、逃げていった。

同じような話が筑豊（福岡県）の私の友人の寺であった。友人が本堂の掃除をし
ていたら、さい銭箱を開けようとしている盗っ人と顔が合った。とっさに「親を泣
かすなよ」と言うと、そそくさと逃げていったという。その友人も妙好人に大変興
味を持ち、私が「六連島のお軽さん」の話をすると早速、下関の六連島へ門徒の
方々を連れて行った。

善太郎さんの文字は「絵文字」「当て字」である。「釈」という字は飯杓子の絵を

かく。「さ」「し」「ご」「く」「じゅう」は「三」「四」「五」「九」「十」と書く。「臨終」は「り十」、「往生」は「を上」、「修行」は「四京」、「生々世々《しょうじょうせせ》」は「升上せせ」、「後生」は「五升」、「まるでまるで」は「○るで○るで」である。手記「父を殺し、母を殺し」の判読も大変難しい。

おがんで助けて　もらうじゃない　おがまれてくださる　如来さまに　助けら
れてまいること　こちらから思うて　助けてもらうじゃない　むこうから思わ
れて　思いとらるるこの善太郎

善太郎さんは四歳で母親と死別し、若いころはぐれて、すさんでいた。酒、ばくち、けんかで「毛虫の悪太郎」とまで言われた。周囲から嫌われながらも結婚し四人の娘が生まれるが、サト（二歳）、ルイ（二歳）、ノブ（三歳）、そめ（三歳）という子たちを次々に亡くす。

以後は仏法を聞く心深く、親鸞聖人の「弥陀五劫思惟の願をよくよく案ずれば、ひとえに親鸞一人がためなりけり」という『歎異抄』の言葉を深く味わっていかれた。

人間は幸せを願うが、幸せとは何なのであろうか。幸せという言葉が、逆の不幸せという言葉を生むのではないだろうか。本来、幸も不幸もないのではないだろうか。経典や聖典にも楽という字はあるが、私はあまり幸という字を見ないのである。

米泥棒のエピソード

こんな話もある。ある夜、法座から家に帰った善太郎さんは、庭先で米俵を担いだ泥棒と出くわした。米俵を投げ捨てて逃げ去る泥棒の背に向かって善太郎さんは「おーい、若い衆。暗うてあぶないけえ、たいまつ持って行け」と声を掛けた。また「前生で借りたものをいま返させてもらうのだ。ありがたいのう。ありがたいのう」と仏壇に手を合わせた。米俵が庭先に置いたままだったので、泥棒は再び盗みに来たが、善太郎さんの手を合わす姿を見て去っていったという。

またある時、善太郎さんの大根畑が荒らされた。掘り残された大根を仏前に供えて「大きな罪をつくらせて、すまぬすまぬ」と手を合わせたという。（『妙好人　有福の善太郎』より）

善太郎さんには多くの法話・法語があるが、現代の私たちに一番警告を与えているように思えるのが「生々世々の初事に／私は全体／悪太郎なれど／おかげで善太郎」である。同じ法（教え）でも、何度聞いてもありがたいということ。聞いても、聞いてもありがたいと思うこころ。何をしても、初めのように。慣れは怖い。油断も怖い。

毎日三食、食べて当たり前。車も布団も風呂も家も何でもかんでも当たり前。本当にそうだろうか。蓮如上人はいつも「めずらしくはじめたるようにあるべきなり」と言っていた。これは、人間の慣れと貪欲を戒めているのである。

有福の善太郎さん
安政三（一八五六）年二月八日往生
行年七十五歳

因幡の源左さん

和紙の里

米子自動車道から雪をいだいた大山が大空にどっしりと君臨しているのを見たとき、動かざる自然の美しさに圧倒された。大学で同期の浄土真宗本願寺派願正寺住職、衣笠告也氏にアポをとっていたため、やや遅れていた時間を取り戻そうと車の速度を上げていたところである。願正寺は源左さんの檀那寺である。平成十（一九九八）年の三月のことだった。

妙好人めぐりの旅を始めて、まだ日も浅い時だった。旅をする度に、心はいつも

「生々世々の初事」の気分であった。

願正寺のある鳥取市青谷町山根（当時は気高郡青谷町）に着いたとき、周辺の牛車小屋、山、川、田畑の景色は、香川県東かがわ市の「讃岐の庄松さん」の里、特に小砂布教所辺りの山村の、穏やかな空気と同種のものを感じた。妙好人を育てた風土の共通性ともいうべき、土のにおいと澄み切った空気がひとりでに体に入ってくる。

約束の時間に少し遅れて、早速、衣笠住職に話を聞くことになった。

「源左さんは行動の人でした。あまり文字や文章にして残されたものはありません」「民芸運動の創始者・柳宗悦氏は、ここ願正寺に滞在されて『妙好人・因幡の源左』（百華苑刊）にまとめられました。柳氏は大衆の中にある芸術性と美を発見しようとされた方で、普通に暮しながら深い信心をもつ妙好人にも、相通じるものを感じられたのでしょう」。

衣笠住職との取材を兼ねた懇談を終え、近くにある日置紙工房当主の前田久志氏を訪ねた。源左さんと和紙の関係を調べたかったからだ。この辺りは「和紙の里」としても有名だ。「雁皮《がんぴ》」「楮《こうぞ》」は和紙の原料となる樹木で、ここでも栽培している。高級和紙はいくつもの工程を経て完成する。筆を日常使っていた時代は重宝がられたことだろう。

御熊坂物語

源左さんの家も代々農業の他に紙すきを家業としており、源左さんは紙を鳥取の紙問屋・竹田屋に納めていた。代金を受け取った帰りの事件が、かつて雑誌『キング』（昭和三年四月号）に載った有名な「御熊坂物語」である。伝説化され、尾ひれが付いた話かもしれないが、妙好人・源左さんのテーマソングのようで、信心ある人の智慧と慈悲と不退転の意志を感じる。

願正寺にある源左さんの像

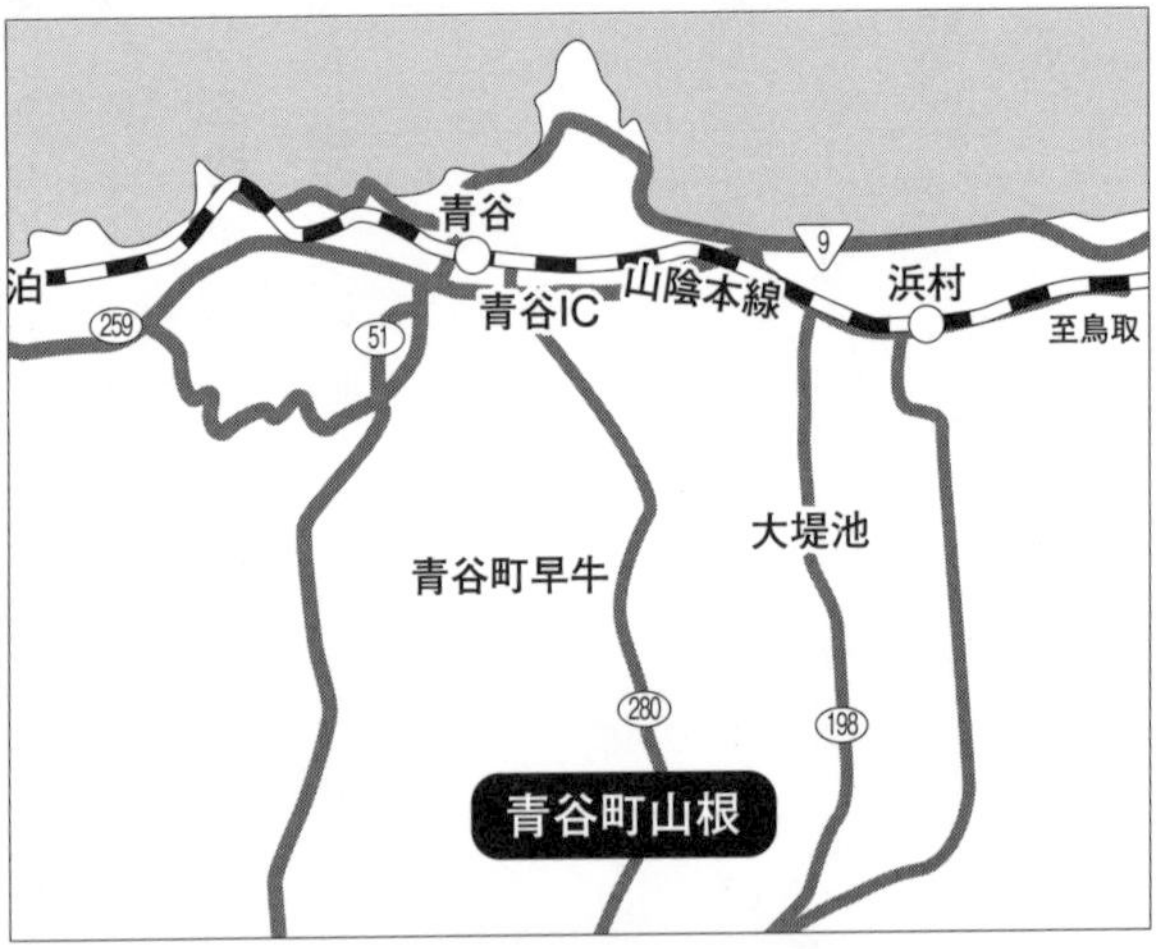

▶鳥取市青谷町山根への交通→ JR 山陰本線青谷駅下車、車で約16分。車では、青谷 IC で降りる。

出獄したばかりの盗人と源左さんの会話である。盗人は竹田屋でお金を受け取った源左さんの後をずっとつけてきたという。今でも銀行で預金を引き出した老人がつけ狙われ、被害に遭う事件はよくある。だが、盗人と被害者に普通はこんな会話があるだろうか。源左さんはいつものように「ようこそ、ようこそ。南無阿弥陀仏、南無阿弥陀仏」と称えながら歩いていた。

盗人「おじいさん、昨日紙をもって出たなぁ」
源左「おうおう、紙はもって出たがやぁ」
盗人「えっと（たくさん）銭もっとるなぁ」
源左「銭ならもっとっだがやぁ」
盗人「その銭もらいたいぜ」
源左「この銭ゃ、やりたあてもやれんだがやぁ」

盗人「おらあ、その銭どっかでも（どうしても）ほしいだ」
源左「ほしけりゃ、やりゃあええだが、この銭ゃ、かごもと（問屋）に払わにゃならんで、算段した銭だけ、やれんだがやぁ。今度でたうりにゃ、やるけんのう、辛抱さんせえよ。お前さんは何が商売だらえ」
盗人「おらあ、人の銭をとるが商売だ」
源左「そりゃお前さん、おらとおんなじやな（同じような）心をしとらわんすなぁ。おらも欲が深あて人の物が欲しい性根でござんしてなぁ。なんまんだぶ、なんまんだぶ。なんぼ欲しゅうても、おらにゃ親もあるし、嬶《かかぁ》もあるし、子もあるし、かわいいてのう。お前さんにも親もあらあし子もあらあし、なんぼ欲しゅうても人の銭とるなあ悪いこったけ止めなはれよ。なんまんだ、なんまんだ」
盗人「おじいさん、おらあお前さんみたやあな人に今まで出会ったことがないがやぁ」

源左「おらもこの年になったけど、お前さんみちゃあな人にああた（会った）ことがないがやぁ」

柳宗悦・衣笠一省編「妙好人　因幡の源左」（百華苑刊）より

源左さんは御熊坂の峠でこの盗人と法話などをして家まで連れてゆき、一晩泊め、弁当といくらかの金を持たせて帰らせたという。もちろん、人目につかぬよう早朝にである。また源左さんの家が見える所に差しかかって、法話をしながら自分の家を教えて「あそこに見えておる」と言ったところ、盗人はいつの間にか姿を消していたという説もある。

三つ年上の妻くには、明治四十二（一九〇九）年に行年七十一歳で亡くなっている。この話が『キング』に載ったのが昭和三年。同じ年の書籍『法の園』、昭和五

（一九三〇）年七月の書籍『道光』にも掲載された。同年二月二十日に八十八歳で源左さんは亡くなっている。雑誌『大因伯』にも昭和十七（一九四二）年七月に載った。妻もすでに亡く、当時の源左さんは一人住まいだったのだろう。

いずれにせよ、盗人はこの源左じいさんの静かで物怖じしない言動に、牙を削がれたに違いない。

今は亡き作家の小林秀雄氏（昭和五十八年没）もかつて就寝中の夜中に強盗に入られ、刃物を突きつけられた。しかし、落ちついて強盗と対話し、身の上話までし、いくらかの金をあげたという。物怖じせず、おうような態度で接したのだろう。その強盗は目的を果したが、その後小林宅を訪ね、金を返して土産まで持参したという。

いずれの行いも、損得勘定で生きている常人や直情径行型の人間にとっては非常に行い難いことだ。人間としての究極的な品位、畢竟《ひっきょう》の不動心を感じる。

郵便はがき

料金受取人払郵便

京都支店
承　　認

1318

差出有効期間
平成25年11月
30日まで

(切手をはらずに
お出し下さい)

6 0 0 8 7 9 0

1 1 0

京都市下京区
正面通烏丸東入

法藏館 **営業部** 行

愛読者カード

本書をお買い上げいただきまして、まことにありがとうございました。
このハガキを、小社へのご意見またはご注文にご利用下さい。

お買上 **書名**

＊本書に関するご感想、ご意見をお聞かせ下さい。

＊出版してほしいテーマ・執筆者名をお聞かせ下さい。

お買上 **書店名**	区市町	**書店**

◆新刊情報はホームページで　http://www.hozokan.co.jp
◆ご注文、ご意見については　info@hozokan.co.jp

12. 09. 07. 30000

ご氏名《ふりがな》	年齢　　歳	男・女
〒□□□-□□□□ ご住所	電話	
ご職業（ご宗派）	所属学会等	
ご購読の新聞・雑誌名（ＰＲ誌を含む）		

ご希望の方に「法藏館・図書目録」をお送りいたします。
送付をご希望の方は右の□の中に✓をご記入下さい。　□

注文書

月　　日

書　　名	定　価	部　数
	円	部
	円	部
	円	部
	円	部
	円	部

配本は、○印を付けた方法にして下さい。

イ．**下記書店へ配本して下さい。**
（直接書店にお渡し下さい）

（書店・取次帖合印）

書店様へ＝書店帖合印を捺印の上ご投函下さい。

ロ．**直接送本して下さい。**
代金（書籍代＋送料・手数料）は、お届けの際に現金と引換えにお支払下さい。送料・手数料は、書籍代 計5,000円 未満630円、5,000円以上840円です（いずれも税込）。

＊お急ぎのご注文には電話、ＦＡＸもご利用ください。
電話 075-343-0458
FAX 075-371-0458

（個人情報は『個人情報保護法』に基づいてお取扱い致します。）

親鸞さまの説かれる信心の姿は金剛の心で不壊《ふえ》（壊れない）まことである。私は妙好人たちが、この不壊まことの信心の人であるということを、数々の妙好人の旅で学んだ。根本は仏願清浄心だ。

清浄光明ならびなし
遇斯光《ぐしこう》のゆゑなれば
一切の業繋《ごうけ》ものぞこりぬ
畢竟《ひっきょう》依《え》を帰命せよ

親鸞聖人の和讃である。難しい言葉がいくつか並んでいるが、これを真宗の妙好人たちは体と心と行為で、知識・学問的なものでなく実生活の中で信心によって、実践されていった。私は先人（念仏を伝え育ててくださった方々）への恩を思い、誇りすら感ずる。

お軽と源左

ある人が「源左さん、一口でもええからご縁に会わしなはれなぁ（ありがたいお話をしてください）」と請うた。源左さんは「こないだ家の猫が子を産んでやぁ。親は子をくわえて、上がったり、下がったりするけど、親は落とさんわいなぁ」と言った。これは、真宗信者が、古来「落ちる」というのを恐れていたパラドックスである。落ちるとは、もちろん地獄にという意味である。

源左さんの言行録を読むと、いつも安堵する。智慧と心の豊かさを、余裕からくる源左さん特有のユーモアと温かさを感じる。

源左さんは「六連島のお軽さん」の歌をよく口ずさんでいた。安政三（一八五六）年にお軽さんは五十六歳で亡くなった。源左さんは天保十三（一八四二）年生まれだから、当時十四歳だ。「わたしゃ自在鈎《かぎ》阿弥陀さま　あなたはこざる（留木）　落としゃなさらぬ　火の中に」（お軽さんの原文とは少し違うところがあるが）。源左さんの口を通すとさぞありがたかったであろう。

「聞けば聞くほどただのただ　はいの返事もあなたから」も、源左さんがよく口にした言葉だ。

お軽さんの詩《うた》では「聞くに用事はさらにない　用事なければ聞くばかり」「おかるおかるとゆりおこされてあいと返事もあなたから」（西村真詮『おかる同行』より）

この二人の詩、語調も内容もよく似ている。源左さんは誰の作か知らずとも、おそらく説教使から聞かされて覚えたのだ。残った文章などはあまりないというが、たぶん記憶力が優れており、徐々にその言行が人びとに伝わっていったのだ。

柳宗悦・衣笠一省編『妙好人　因幡の源左』（百華苑刊）には二百九十八もの言行・逸話がある。百六十三番目は「客僧」という面白い話である。

二瀬川「おっつあん、どんなつまらぬ客僧でもええがいのう」
源左「お説教の間に、一返でも助けるっちゅうことを言われりゃ、ありがたいがのう」

客僧とは布教使のことで、法話をし、寺々を回ってご法義盛隆を支え貢献する僧で、真宗においてはとても重要な存在である。しかし、ＩＴの普及やマスメディアの発達の著しい現代にあっては、逆に人と人との交流は浅くなり、説教使（布教使）も育ちにくくなるかもしれない。
私の師、大阪の故牧野専精師、奈良・田原本の故西池崇権師もありがたい布教使で、説教使を目指す僧を、法脈として自分の縁故同等にかわいがられた。苦労しながらご法（教え）に遇われた方々である。古今のお歴々の方々のおかげもあり、お軽さんや源左さんなどが育てられていったのだ。

おらが死んだら親さまをたのめ

源左さん十八歳の時、安政六（一八五九）年に父善助がコレラで亡くなった。「六連島のお軽さん」も安政三（一八五六）年にコレラで亡くなっている。当時はコレラがはやり、とても怖がられていた。

善助はたぶん、四十代で亡くなったのであろう。「親爺《おやじ》と一緒に昼まで稲刈りしとったら親爺はふいに気分が悪いちって家に戻って、寝さんしたが、その日の晩げにゃ死なんしたいな」。この父は死ぬ前に「おらが死んだら親さま（仏さまのこと）をたのめ」と言ったという。

その翌年から願正寺への仏法聴聞が始まったが、若き源左さんは大変困ったようである。親さまの所在が分からず、それが何たるかを求めての聴聞が始まる。

当初、聞けば聞くほど分からなくなり、情けなくて投げ出してしまいたくなった。

こんな源左さんではあったが、ある日デン（かわいがっていた牛）に刈った草を背負ってもらうと「ふいっと」楽になった。その体験を住職にも話した。そして、難信の法と言われる信心を領解《りょうげ》されていった。

鳥取県智頭町のお寺の坊守さんに「奥さん、灸《きゅう》を覚えておきなんせい」と源左さんは言って、人との会話を勧めた。仏法の話をするにはこれが一番というのである。灸をしながら法義を語ったりした。人の荷物などもよく持ってあげた。

五尺四寸（約一六二センチ）の頑丈な体の源左さんはまさに行動の人。働きづめに働いた労働の人でもあった。病気知らずで八十八歳の生涯を閉じた。この間、県からもらった精農賞などは相当ある。親にも孝行であった。

十悪五逆の身

ある和上さんが源左さんに言った。「おじいさん、あんたを妙好人伝に載せるがのう」。源左さんは「まんだまんだ出いてつかわんすなよ。これから監獄の厄介になるかもしれんけ」。「なぜだがやぁ。八十七にもなって」、源左さんの答は「煩悩具足の凡夫でござんすけえなぁ。十悪五逆の罪を持ったおらでござんすけえなぁ。死ぬまで何をするか分からんけ」。

人間は、生きている間は何をするか分からない。いつ警察の厄介になるかもしれない。名誉に対しても無欲であった。というより、人間界の「そらごと、たわごと」、人間の頭での感激が、ご法の光の前ではいかにあてにならぬかを、知らされていたのだ。

因幡の源左さん
昭和五（一九三〇）年二月二十日往生
行年八十八歳

三河のお園さん

団子汁の話

あれから、はや七年がたつ。旅行を兼ね家族連れで愛知県田原市にあるお園さんの檀那寺・真宗大谷派の龍泉寺を訪れたときのことだ。豊橋鉄道・渥美線の三河田原駅で降りた。真夏日で、子どもたちと一緒に蔵王山展望台で三河メロンの食べ放題に参加した。冷えたメロンと頂上の風は、炎天下では救いの涼だった。

田原には妙好人の一人として知られる「三河のお園《その》さん」の「団子汁の話」が伝わる。

お同行たちが「お園さん、団子汁の話を聞かしてくだされや」と言うと、お園さんは喜んで話をしたという。いろりの自在鈎《じざいかぎ》につるした雑穀汁の中に団子を入れて火で炊くと、団子がだんだん煮えて、ひとりでに浮かび上がる。煮え上がった団子をすくい上げて食べる。お園さんはお同行たちに団子を振る舞いながら、大変ありがたそうに話したという。「自分は団子のようなもので、仏さまの光にあたれば沈んでいても煮え上がり、救い取られる」とのご法話である。

御殿医鈴木家での生活

お園さんは安永六（一七七七）年、現在の田原市で、農漁業を営む八木覚左衛門の子として生まれた。龍泉寺のご住職によると、そのあたりは浄土真宗ではなく曹洞宗の村であるという。生家は貧しく、八歳ぐらいのときに、田原藩御殿医、鈴木家に奉行に出された。身体は強健で、性格は強情邪険で、容貌もあまりよくなかったらしい。

　こんなお園さんが、生まれ変わったように優しく、智慧豊かで賢明な人に変わってゆくのである。人の運命とは、今も昔も、最期まで分からないのである。

　医者の家であるから、看護の手伝いを通じて看護の仕方なども自然に学んだ。その医者の鈴木愚伯に領内の大坊のお嬢さんが嫁入りしてきた。立派な支度、立派な式。お園さんは自分が奉公に入ったころと比べてみたことだろう。

　このお嬢さんの最初の子は生後間もなく亡くなり、二度目の子も一歳くらいのときに犬にかまれ、発熱して死去した。医者の家に生まれても、生死の道だけはどうしようもない。そのお嬢さんは精神的な病になり、実家に帰された。心の病は回復せず、翌年離縁となる。これを目の当たりに見たお園さんは、風呂敷包み一つでここに来た当時の自分と比べ、人生の無常、世の無常を痛切に感じたのだろう。つまり、このお嬢さんから、極楽から地獄への転換の早さを思い知らされたのだ。

龍泉寺にあるお園さんと息子・春山の墓

▶愛知県田原市への交通→豊橋鉄道渥美線の三河田原駅下車。車では、東名高速道路豊川 IC で降りる。

後に、お園さんは鈴木愚伯の後妻になる。当時としては、身分が違うと大反対もあったらしいが、丈夫で利発な娘というので、鈴木家に迎え入れられた。ただし、縁のある近くの医者の養女となってからである。当時は形式やしきたりが厳しかったのである。

母として、妻としての人生が始まる。御殿医の妻としての修養、母としては息子・春山《しゅんざん》のしつけや養育。しかも、田原藩の次の御殿医養成とあっては責任重大である。

そんな重圧を背負ったお園さんは寺参りの許可を得、聞法することが唯一の楽しみだった。今のようにテレビやラジオ、ビデオ、パソコン、ケータイのような娯楽などは一切ない時代である。お園さんは親鸞さまの二首の和讃をとても好み、心の慰めにしていた。

いつつの不思議をとくなかに
仏法不思議にしくぞなき
仏法不思議といふことは
弥陀の弘誓になづけたり

生死の苦海ほとりなし
ひさしくしずめるわれらをば
弥陀弘誓のふねのみぞ
のせてかならずわたしける

この和讃（高僧和讃）を口ずさみながら、奉公時代に見た大坊のお嬢さんの華やかで盛大なる嫁入りと、二人の子を次々に失って心の病になり、里帰りしたことなどの転落、つまり栄枯盛衰の無常を思っただろう。何も持たない自分が今、こうして生きて、仏法に出遇える不思議を痛感したのだ。

地獄めぐり

お園さんはいつしか親鸞聖人のご真影をお参りしたいと切に願うようになり、やがてその願いが叶った。以後お園さんの本山（東本願寺）参詣は四十年間続いたという。

ただ、本山参詣の前には、人も嫌がる懇志集めをせねばならない。自ら「地獄めぐり」と称して村中の家を回った。平生は喜んでお寺参りする人も、お園さんの「懇志箱」を見ると急に顔色が変わり、お園さんが鬼に見えたともいう。寺の院主にも「ご院主さま、地獄（寄付集め）がいやじゃ、極楽参り（本山参詣）はできませんでなぁ」と言って出発したという。

現代人は無意識に物欲中心の生活をしているのではないか。いいものを着て、いいものを食べて、いいところに住む。いい車を無計画にローンで購入することもよくある。あらゆるメディアを使って活発に購買・消費意欲をかきたてる企業。そして、その裏には夜逃げ、破産、一家離散、自殺、一家心中などの転落が待ち受けている。

そのような状況がありながら、現代はその地獄教育をしない。そんなことを教えると消費が冷え込んで不景気になるからだという。教育よりも経済が優先される社会なのである。

しかし、地獄を知らない人間が本当に真の楽を知り得るのであろうか。考えてみなければならない時代である。むかしの同行のように、地獄に落ちることを一番恐れるという思いこそ、健全な思想なのかもしれない。

いずれにせよ、六連島のお軽さんも、お園さんも「地獄に落ちる」ことを相当恐れていたのは事実のようである。

お園さんがある時、滑って沼田の中にはまった。そこで「落ちる落ちると長々聞いていたが、今こそ落としてまで見せておくれたか、南無阿弥陀仏、南無阿弥陀仏」と独り言を言った。

仏の慈悲が常に届いていないと、ただ「あいた、しまった」で終わってしまう。それ以上、そこから正しい智慧が浮かんでこない。今日ほど、妙好人たちの信心と智慧から学ばねばならない時代はない。

息子・春山と渡辺崋山

お園さんには、息子・春山がいた。渡辺崋山らと尚歯会をつくり、蘭学を翻訳した。春山には著書として『海上攻守略説』『三兵活法』、高野長英と共釈した『兵学小識』(四十五巻)があり、後の海軍兵学校に貢献した。だが、当時の崋山(田原藩の家老をしていた）は『慎機論』という書で外国船打ち払い令を批判し、その罪で、江戸幕府より蟄居《ちっきょ》を命じられていた。

「田原にはすぎたる山が三つある。崋山、春山、伊藤鳳山」とたたえられたが、「蛮社《ばんしゃ》の獄」の大弾圧（一八三九年）を機に「田原には困った山が二つある」となった。つまり崋山と春山である。まさに、『歎異抄』の「火宅無常の世界は、そらごとたわごと」が現実になった。人びとの心も政変と同じに急変したのだ。それを春山は「隠居放言」と言った。当事者でないものの野次馬根性、世間の身勝手を説いたのだ。

後に崋山は投獄され、幕府の取り調べを受けるが、お園さんの息子・春山のことは、一言も言わなかったので春山は助かった。お園さんにしてみれば、崋山は「わが子の罪を背負ってくれた恩人」となったのだ。崋山はその後自害するが、お園さんは困窮していく渡辺家の生活を見るに見かね、米、野菜、みそなどを届けていた。

崋山の母・えいとは、ご法話を聞く同朋・同行でもあった。

龍泉寺のご住職も献身的なお園さんを「女だてらによく（崋山一家の）世話をするのう」と言って感心したという。お園さんも「私のようなババアだで、お上のおとがめもありますまい」と、平然としていた。

お園さんの法味語録は龍泉寺の春園会による『田原のお園さん』にたくさんあるので、ここでは控えたい。お園さんは「正しい信心をいただかねばだめですよ」と、よく批判も受けたという。しかし、お園さんにとっては「正しい信心とは如来さまのお慈悲であって、私には信心も領解《りょうげ》もない。なくてもよいのだ。私が如来さまを念じるその所に、お慈悲が不可称不可説不可思議にかがやきでておってくださる。そもそも私が如来を念じるのは、実は如来が先にまわって私に念じさせてくださったのでありました」（『田原のお園さん』龍泉寺春園会発行）というものであった。

お園さんにおいては「ただ念仏して弥陀に助けられまいらすべしとよき人のおお

せをこうむりてありがとうございますと喜ぶばかりであった」（同）のだ。

お軽さんは安政三（一八五六）年に亡くなり、お園さんは嘉永六（一八五三）年に亡くなっている。時代は幕末で、アメリカのペリーが艦隊を率いて浦賀に来たり（一八五三年）、ロシア使節プチャーチンが軍艦四隻を率いて長崎に来航（一八五三年）したりしていた。イギリス、オランダの船もやって来て、天下大騒動の時代である。お園さんは行年七十七歳。その三年後、お軽さんも行年五十六歳で世を後にする。

最後に、お園さんの詠んだ歌とご領解を述べたい。

疑いよ是非行かぬなら、そこに居よ　そちにかまはず信をとるべし

口の戸のあくたびごとに心せよ　病は入る、禍《わざわい》は出る

お園さんは臨終に領解、つまり仏法理解を求められて「私に領解はなんにもない。一生の間、ただ無駄骨折っただけじゃわいのう」と言った。

三河のお園さん
嘉永六（一八五三）年四月四日往生
行年七十七歳

小林一茶

故郷の信州柏原

一茶の故郷柏原を訪問する前日は長野県の知人、寺島潔宅で一泊した。学生時代に下宿が同じだった寺島氏の両親とも親交があり、よく世話になった。

今は亡き彼の父は、シベリアからの元復員兵で、戦後、会社を立ち上げ、成功に導いたエネルギッシュなご仁だ。私が二年間、富士山で案内人や強力をして働いていたことを、会うたびにたたえてくださった。私の父もシベリアに抑留され、復員した一人だが、なぜかこの世代の方々は皆、たくましい生命力と強い個性、そして情をあわせもっているように思う。つまり存在感があった。生死の境を越えてきた強さなのだろう。

長野県上水内郡信濃町柏原という地にも、幾多の苦難に遭遇しながら阿弥陀仏にすべてを任せたような境涯を送った俳人がいた。JR信越本線・黒姫駅まで寺島氏が送ってくれた。小林一茶生誕の地だ。

一茶晩年の句に「弥陀仏のみやげに年を拾うかな」や「ともかくもあなた任せの年の暮れ」がある。この句には、一茶の弥陀の本願に任せつつ生きた念仏者の法楽的生き方を感じる。

「涼しさや弥陀成仏のこのかたに」などは親鸞聖人の和讃の一部だ。一茶の菩提寺は柏原の明専寺にある。浄土真宗本願寺派のお寺である。

一茶が異母弟、専六と相続争いをしたとき、この明専寺の住職が調停に入った。遺産交渉をし「熟談書付之事」を取り交わし、父弥五兵衛の遺産上の紛争を和解に

一茶堂内の本尊と一茶の肖像画

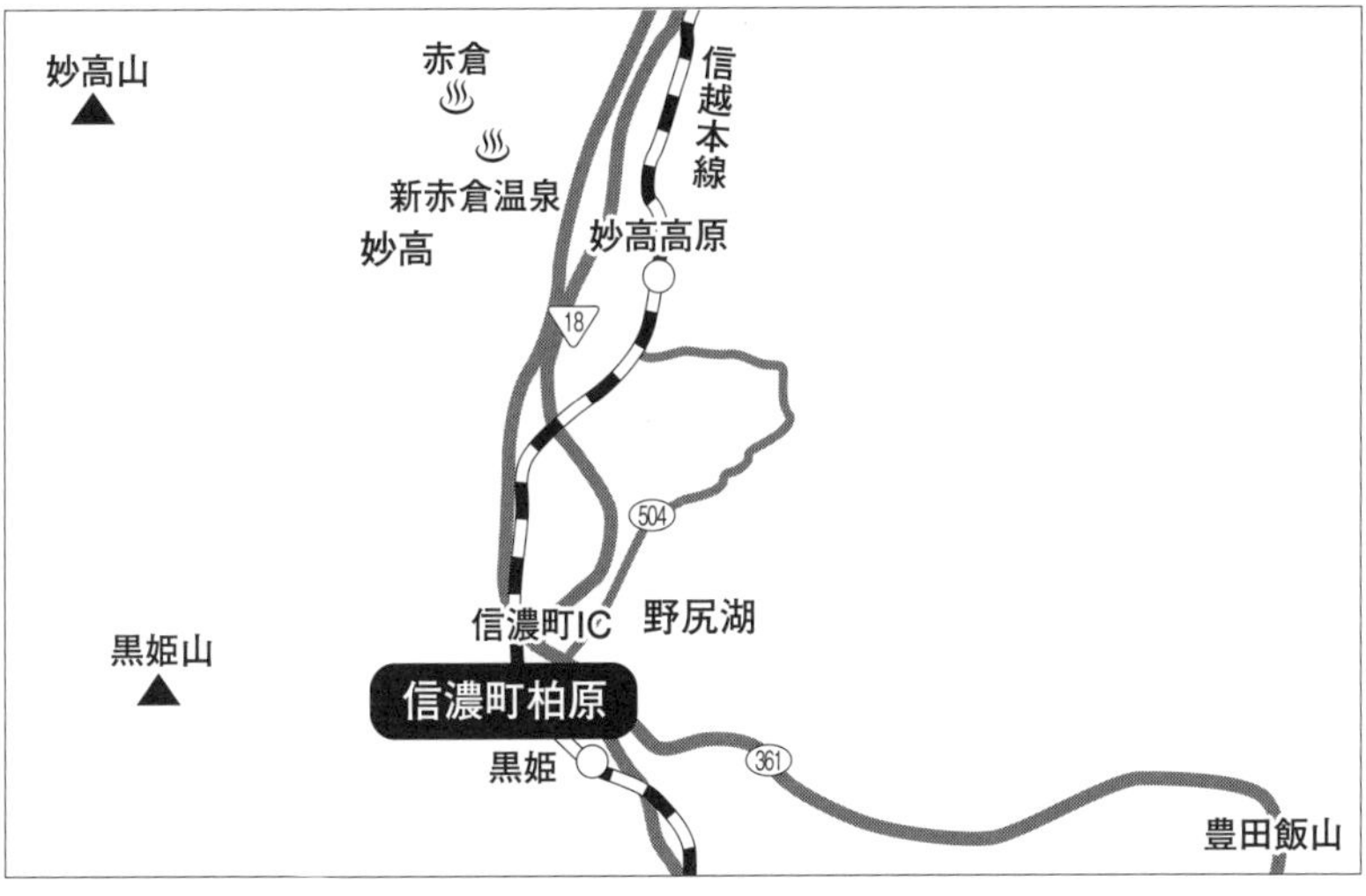

▶長野県信濃町柏原への交通→ JR 信越本線黒姫駅下車。車では、上信越自動車道信濃町 IC で降りる。

導いている。専六に父の遺産を半分与え、賠償金十一両二分を与えている。

後に詳述するが、一茶は三歳で母を亡くし、父が後妻を迎えている。義母よりも祖母を頼みとしていた一茶だが、祖母も亡くなり、いよいよ一人になる。放浪と奉公の旅のはじまりだ。

江戸という都会。十五歳の少年はここで俳句を学び、開眼していった。信州を去る孤影悄然たる少年を、お慈悲の香華に満ちた俳人に転じさせたものは何であったのか。そこには、人生の苦難や重荷があればこそ出遇える世界があった。一茶はもともと薫習されていた念仏の慈悲に出遇っていったのだ。

柏原という村には念仏のご縁《えん》豊かな風土があった。百五十戸全体が真宗門徒である。一茶が旅から帰るたびに、村の檀那寺、明専寺からは「弥陀成仏のこのかたはいまに十劫をへたまえり……」(浄土和讃)と聞こえてきたのだろう。閑静で豊かな自然の中にたたずむ明専寺は、一茶を慈悲と法楽の世界に導く。

奉公の旅

十五歳で「奉公の旅」に出た一茶は、きっと多くのことを旅で学んだに違いない。私も旅についてはさまざまな思いをもっている。人をデラシネに導く旅もあろう。デラシネとは故郷を喪失した者という意味もある。その意味では、旅は過酷さも有する。一茶の旅の特徴は、最後は故郷に帰ってきているということだ。終《つい》のすみか、つまり自分の果てるところがあった。そこ柏原では死ぬまで波乱万丈の人生があった。

旅は人の感覚を磨いてくれる。元週刊誌記者で僧侶作家の向谷匡史氏はかつて「記者時代は（乗り物に飛び乗って）着いた先がどこか分からないときがあった」と言った。忙しいからだけではない。「事件を追ってるからですよ」。必死に事件のスクープに取り組んでいたから、一瞬自分がどこにいるのかも忘れるのだ。向谷氏もきっとさまざまな旅によって感性が磨かれ、作家として育てられたのだ。つまり、旅は文化の吸収なのだ。

結婚と家族

「雀の子そこのけそこのけお馬が通る」は一茶の有名な句だが、この俳句に生類に寄せる一茶のまなざしの優しさと温かさを感じない人はいないだろう。妙好人として本書に一茶を登場させたのは、真宗門徒としてはあまり知られていない一茶を語りたかったからだ。次の「良寛さん」も同じような理由からで、私の勝手な思いをご容赦願いたい。

一茶の婚歴は、多縁なのか無縁なのか理解しがたい。財欲はあまり感じないが、ある種の煩悩の強さは感じる。

最初の結婚相手は「きく」といって、二十八歳の娘だ。当時としては相当晩婚である。しかも、一茶は五十二歳。それまで、十五歳で江戸に奉公に出て、二十五歳までは消息不明だった。その後、西国行脚。淡路、四国、熊本、長崎、松山、大阪、京都、大津、広島、奈良の桜井。さらに松戸（千葉県）や房総地方、草津（群馬県）、そして帰郷。

やっと落ち着いたのが結婚をした五十二歳の時だ。その後も房総地方の知人宅などを訪問し、旅先で新年を迎えるのは特に珍しくもなかったようである。「これがまあ終のすみかか雪五尺」は有名な俳句だが、妙好人特有の無欲で無頓着なおおかさを感じさせる。

「我と来て遊べや親のない雀」なども、デンという牛に語りかける因幡の源左さんと非常によく似た感性だ。あの源左さんが牛のデンに語りかける口調だ。牛の背に重い荷を積んだときには「デンや、すまんのう。重いめさして……」という生類へのいたわりの心なのである。

「やせ蛙まけるな一茶是にあり」「蝸牛《かたつむり》そろそろ登れ富士の山」など、他にも生類への慈しみの心をもって作られた俳句は相当ある。これも一茶を真宗の妙好人と特徴づける。

小林一茶は宝暦十三（一七六三）年、長野県信濃町柏原の小林弥五兵衛の長男として生まれる。本名は弥太郎という。三歳のとき母くにが亡くなり、八歳で継母はつが来る。このはつの子が十歳下の異母の弟、専六（弥兵衛）である。

一茶が十五歳で家を出て、江戸に奉公に出たことは前述した。十年間消息不明だったが、これはたぶん、後妻のはつとの関係がうまくいかなかったからだろう。実母が三歳で亡くなるということ自体が、幼な子にとっては迷いのはじまり、流転のはじまりなのである。はつの子とも後に父の遺産をめぐって紛争になることも前述した。

三十九歳で父弥五兵衛が亡くなる。行年六十九歳。その死の前後のことをまとめたのが「父の終焉日記」である。

一茶は五十二歳で初めて結婚するが、そのきくさんとは約十年連れ添い、その間にできた子は三男一女の四人。長男は約一ヵ月、長女は約一年、二男は約三ヵ月。そして三男も約一年九ヵ月と、次々に四人の子を幼くして失う。きくとも六十一歳のとき死別する。

不幸はまだ続く。きくの死後五ヵ月で飯山藩士の娘、雪が嫁いでくる。雪三十八歳。何があったのか、わずか三ヵ月で離婚する。六十四歳で、やをと三度目の結婚をする。やを三十二歳。一茶とは親子以上も年が離れている。そして翌年一茶は六十五歳で亡くなるのだが、この最後の妻やをとの子が、一茶死後の翌年四月に生まれる。名は、やた。

一茶の俳句

一茶の俳句は二万句ほどある。不幸続きの生涯でありながら、それに負けまいという心が独特の風刺とユーモアをもって伝わってくる。この独自の品位というべきか、優しさの中に、私は「触光柔軟《そっこうにゅうなん》」という『無量寿経』の三十三願を思う。一度仏の慈悲と光に触れたものは身心が柔らかくなり、香気を感じるようになるとのこと。

「ぽっくりと死が上手な仏哉」（六十四歳）。この俳句は少し分かりにくい。

「御仏はさびしき盆とおぼすらん」（六十五歳）。盆が寂しいのは、一茶が仏の迎えになかなか応じないからだ。六十五歳といえば一茶が亡くなる歳。この年も柏原の大火事で家を追い出され、焼け残った土蔵で仮住まいをする。中風の後遺症もあり、言語障害もある。門人の家を転々としたという記録もある。

この歳になるまで、農民の子ながら自分は一生耕さずして飯を食い、いいものを着させてもらっていても、布を織ったこともない。こんな体たらくな自分に罰が当たらないのはなんと不思議なことなのだろうか。みんな死に上手なのに、なんと私はみっともないことか。私の縁ある人にも不幸ばかりおかけした。お盆になると仏も鬼も私がなかなか来ないので、きっと寂しがっているだろう。

一茶の生へのたしなみと謙遜さがうかがえる。以上、想像をまじえて勝手な私見を書かせていただいた。

「御仏や寝てござっても花と銭」などは現代でも通じるユーモアがある。夏に涼しい風とわが家があれば、それで幸せというものだ。「涼風の浄土すなわち我家哉」などは妙好人らしい。

一茶と良寛

一茶と良寛さんは同時代の人だ。互いに意識し面識があったのか、よく分からないが、よく似た歌があるのは不思議である。

焚《た》くほどは風が持《も》て来る落葉かな　（良寛）

焚くほどは風がくれたる落葉かな　（一茶）

いずれにせよ、良寛さんや一茶が多くの人びとに親しまれ愛されているのは、宗派にとらわれない自由な心と、無欲さが魅力なのだろう。財欲、名誉欲、権力欲からも離れている。これを禅では身心脱落という。浄土真宗では「自然《じねん》」といい「おのずと、しからしむる」と説く。

小林一茶
文政十（一八二七）年十一月十九日往生
行年六十五歳

良寛さん

出雲崎の光照寺

私が良寛さんに興味を抱いたのは、恩師故牧野専精師の法話から良寛さんの話を聞いたことと、良寛さんが念仏に傾倒されていった足跡を示す貴重な資料が多く残されていたからだ。専精師の法話は平成八（一九九六）年、大阪・津村別院通夜法話で語られた。思えば亡くなられる前年であった。

専精師の話は、こんな調子だ。あるとき、良寛さんの国上山内五合庵に泥棒が入ったときのことである。

「あれまぁ、トンマな泥棒やな。何も持ってゆくもんなくて気の毒に、と言って良寛さんは歌を詠んだんやてね」

「盗人の盗り残したる窓の月。ええなぁ。良寛さんは苦がないなぁ。皆さんは(こんな風に)いけるやろか。いけそうな顔してないな」

また、別のあるとき、ある人が良寛さんに、どうしたら煩い・悩み・障《さわ》りを離れることができましょうかと尋ねたという。

「良寛さんは「病むときは病むがよろしく候、死ぬ時は死ぬがよろしく候、これが災難をのがれる法にて候」と言ったらしいね。これも苦がない。ええなぁ」

良寛堂の良寛像（出雲崎）

▶新潟県出雲崎町への交通→ JR 越後線出雲崎駅下車。車では、国道116号線で出雲崎まで。なお、国上山五合庵は、弥彦山の南にある。

このことは牧野正人著『白道の旅』に詳しく書かれている。

良寛さんは越後・出雲崎（新潟県三島郡出雲崎町）の名主、橘屋・山本家の子として宝暦八（一七五八）年に生まれ、俗名を栄蔵《えいぞう》といった。十五、六歳のころ元服して文孝《ふみたか》ともいった。

良寛という出家名はおそらく岡山・円通寺の十世・大忍国仙が名づけたのであろう。良寛さんは、十八歳のとき、曹洞宗の光照寺で出家する。二十二歳のとき国仙師が出雲崎の光照寺を訪れたとき良寛さんは当時の光照寺十二世・玄乗破了《げんじょうはりょう》の許しを得て、国仙師に従って岡山へと旅立ったのであろう。禅宗は師資相承なので、この玄乗破了の師が国仙ということになる。

平成十一（一九九九）年七月十八日。私が訪ねたときの光照寺住職、広橋正房師は、良寛さんが国仙に従っていった背景など、また良寛さんが光照寺と深い縁があった理由や曹洞宗と真宗寺院との違いも説明してくれた。

光照寺には良寛さんの書も含め、数多くの資料が残っている。寺領も豊かで山林や茶畑などがあったので、若き日の良寛さんはそこで働いていたのであろう。

出家の理由

私は、出家して良寛を名のる前の一人の人間としての「山本栄蔵」に興味が深まり、母・秀の故郷である佐渡ケ島の相川にある真言宗・大乗寺を訪ねることにした。佐渡汽船のジェット船で島の両津港へ。途中、甲板に上がり、菓子を海に向かって投げた。カモメがそれをキャッチするのだ。無数のカモメが、私が投げる菓子を見事に受けてくれる技には感心させられた。

真夏の日差しが強く降り注ぐ一日、母の菩提寺・大乗寺に着いた跡。墓に刻まれた文字も薄く風化していた。寺の近くには、母の生家跡が残り、石碑が建てられていた。母は米問屋の長女で、寛延三（一七五〇）年、十六歳で出雲崎に嫁ぐ。天明三（一七八三）年四月、四十九歳で死去。ある記録には「四男三女を養育した賢婦人で、一切の家計を仕切り、家職をよく支え、その手腕と功績は驚嘆に値する」とある。

この母と二番目の夫以南との間に生まれたのが良寛さんである。しかし一方で、出雲崎での前夫・新次郎の子という説もある。前夫が死別か離別かは諸説あり、前夫の子説は、家族構成の複雑さを良寛さんの出家の動機とするところからきているのだろう。弟の由之とは異父兄弟という説もある。

良寛さんは弟の由之に名主の職を任すのだが、近代日本の夜明け前、幕藩体制下で民衆と幕府のパイプ役を果たさねばならなかった名主の務めは良寛さんには合わなかったのだろう。

天保二（一八三一）年に良寛さんは亡くなっている。行年七十四歳である。三十歳年下の良寛さんの弟子、貞心尼《ていしんに》は明治五（一八七二）年、七十五歳で亡くなっている。このころまでは、貞心尼を通じて良寛さんの面影は確実にあった。時代が江戸から明治に変わる中で、名主という仕事も消滅の運命をたどった。この滅びゆく名主職を弟に譲ったことを、良寛さんは「私のために弟が不幸になった」と生涯、罪悪感を持ち続けたのである。

良寛さんの出家の理由には諸説あるようだが、一方、母への追慕と佐渡への思いは、生涯断ち切れなかったようである。

いにしへにかはらぬものはありそみと　むかひに見ゆる佐渡の島なり

たらちねの母がかたみと朝夕に　佐渡の島べをうち見つるかも

今も、出雲崎の光照寺近くにある良寛さんの座像は、佐渡ケ島の母の里を見つめている。

貞心尼との交流

良寛さんの墓は浄土真宗本願寺派隆泉寺（新潟県長岡市＝旧三島郡和島村）にある。銅像もある。この隆泉寺の総代・木村家と良寛さんは縁が深かった。木村家の一室を借り、貞心尼らと歌会をしていた。六十九歳ごろから周囲の人のすすめで木村家に移り住んだという。老いてゆく良寛さんはおそらく一人暮らしが厳しくなったのであろう。ここが良寛さんの終のすみかとなった。

貞心尼とは七十歳と三十歳の出会いである。それから五年間、良寛さんが死するまで貞心尼と交流が続き、貞心尼は良寛さんの臨終をみとった。

人間、最期までどのような出会いがあるか分からないものだ。貞心尼は良寛さんに相当傾倒していったようだ。その出会いの感動の歌がある。まず、貞心尼の歌は、

きみにかくあひ見ることのうれしさも　まださめやらぬゆめかとぞおもふ

良寛さんの返信は、

ゆめの世にかつまどろみてゆめをまた　かたるもゆめよそれがまにまに

四十歳も違う男女の恋。共に夢のようなうれしさに包まれている。このように歌を通じて思いを述べることは、昨今の若い男女にはあまりはやらないかもしれない。良寛さんは学識もあり、書についても、その無欲で繊細な字体は書家もまねできないという。

また、子どもたちとの無心のふれあいを何よりも大事にした。袂には常に手まりを入れて、子どもたちといつでも一緒に遊んだというエピソードは有名だ。

以前、五十代の私の友人が「父が幼少のころ遊んでくれなかったので、心の交流もなかった」とぐちをこぼした。「仕事も生活も安定していたのに、出世か何のためか、日曜日まで私と姉のことを放って、仕事ばかりしていた」。親に愛されたか、愛されなかったか、というのは五十歳を過ぎても引きずることなのだろうか。

人は誰も、温められ、愛されなければ心豊かな人間として育たないのかもしれない。その上、仏の慈悲のまことに遇えねば、わが子、わが妻でさえ人生の過酷さは避けられぬのだ。

ならば、われも、わが子も、わが妻も念仏申せ。わが友も、わが親も念仏申せ。

一切の衆生念仏申せ。

貧しい子どもたち

光照寺の広橋正房住職とその坊守さまが話された。

「良寛さんが遊んであげた子たちのほとんどは貧しく、田畑も荒地のお百姓さんたちの子でした。信濃川が洪水で氾濫すると真っ先に被害を受け、凶作になる貧しい地域の子たちでした」

「その子たちは、女の子なら宿場町や遊郭に売られ、男の子なら漁師にもらわれてゆくのですよ」

信濃川の洪水災害は昭和に入っても続く。つまり、米作に大切な水は、必要なとき、不必要なときを調整せねばならなかった。この地域の分水町という名も、これらの災害が背景にあるのだ。

少し余談になるが洪水問題の解決を試みた人は何人もいたが、田中角栄氏のときにやっと解決したようである。あの大政治家が信濃川洪水問題にピリオドを打った。新潟県民は今も田中氏には大恩を感じているようである。洪水には、江戸時代の良寛さんも心を痛めていたのだ。

子どもたちを相手に遊ぶことによって、良寛さんは慈悲の一滴を実践した。子を温め、育てたのだ。私は広橋住職ご夫妻から、その話を聞き、良寛さんの心の深さを思い知らされた。

地元のタクシー運転手が言った。「新潟は教育に熱心なところですよ。でも、この車のハンドルと同じように遊びがあるんですよ。良寛さんの影響もあるんでしょうね」と。

良寛さん研究の第一人者に相馬御風がいる。良寛さんをしのばせる御風作の詩がある。

春よ来い、早く来い、歩きはじめたみいちゃんが、赤い鼻緒のぢょぢょはいて、
おんもに出たいと待っている

確かに、この優しい童謡には良寛さんに通じる温もりと情愛を感じる。

妙好人良寛

良寛さんは念仏者でもあった。「草の庵にねてもさめても申すこと　南無阿弥陀仏南無阿弥陀仏」「良寛に辞世あるかと人問はば　南無阿弥陀仏といふと答へよ」。

私が良寛さんを妙好人として挙げたのは、地位、名誉、財、権力に近づかず、慈悲と法楽に生きた、古来の妙好人たちとの共通性を感じたからである。「南無阿弥

陀仏」という六字の名号の書もある。「いかにして誠の道にかなはんと　ひとへに思うねてもさめても」などは宗派的セクショナリズムを越えた、大乗的な奥義を感ずる。

良寛さんは、きっと願っているのではないだろうか。「世界中の人びとが平和で一緒に遊べますように」「世界中の内戦を早く止めてどの国とも仲良くしよう」と。人に救いと安堵を与える宗教が、戦争や大量殺りくの原因となっている。何と不思議で悲しいことか。モノを「持つ」時代から人間らしい心に「成る」時代に転じるべきだ。良寛さんも歌う。

焚《た》くほどは風が持《も》てくる落葉かな

われながらうれしくもあるか弥陀仏の　いますみ国に行くと思えば

他力とは野中に立てし竹なれや　よりさはらぬを他力とぞいう

不可思議の弥陀の誓ひのなかりせば　何をこの世の思い出にせむ

良寛さん

天保二（一八三一）年正月六日往生

行年七十五歳

林芙美子

妙好人とは

妙好人とは真宗の篤信《とくしん》者で、善導《ぜんどう》（六一三〜六八一）が「希有人也《けうにんなり》、最勝人也《さいしょうにんなり》、妙好人也《みょうこうにんなり》、上上人也《じょうじょうにんなり》、真仏弟子也《しんぶつでしなり》」と自著（『観経疏《かんぎょうしょ》』）で述べたのがはじまりである。信心《しんじん》の喜びと絶妙さに触れた人をたたえた言葉である。その意味では学問の有無《うむ》、知識、教養人の区別はなく、仏の慈悲に会うことを喜んだり、お念仏を喜んだりする信心の人びとである。

妙好人の生き方や残された言葉には、宗教的な喜びと行為、時には生きる強さ、仏の道に生きる智慧、生きる信念を感じる。それは、社会的、経済的、物質的な価値をともなわないこともある。むしろ世俗的な価値の世界ではなく、宗教的意味の世界が中心となる場合が多いと思われる。

また経済中心生活や物質中心生活を離れ、どうしたら困らない生き方ができるか、どうしたら苦から抜け出せるかという「超《ちょう》」の生き方がテーマとなる。また貧《ひん》したとき、不条理を感じたとき、どう悩みを転《てん》ずればいいかなどが問われたとき、仏の智慧《ちえ》と思われる言葉が生じるのである。

清貧な生き方

作家の林芙美子（一九〇三〜一九五一）は、必ずしも念仏と共に生きたとは言えないかもしれない。むしろ念仏の声が聞こえてこないことも多かったろう。

しかし、林芙美子の清貧な生き方、強き生きざま、また、仏に対して書かれた一篇の詩のなかに妙好人的な風土と体質、生き方を感じるのである。

　龍谷大学の友人で、福岡県飯塚市の浄土真宗本願寺派教伝寺住職・井土文雄《いづちぶんゆう》氏に同伴していただき、林芙美子とゆかりの深い直方《のうがた》の西徳寺や七里恒順和上のお寺萬行寺を訪ねた。

直方の林芙美子

　福岡県直方市の浄土真宗本願寺派西徳寺を訪ねたのは、平成二十三（二〇一一）年四月二十七日のことだった。住職の篠田尊徳《しのだそんとく》師より丁重な接待を受け、十二歳頃といわれる直方滞在時代のお話や、林芙美子のいたころの炭坑町、直方の繁栄ぶりや人の賑わいぶりの話を聞かせていただいた。その頃と炭坑閉山後を比べ、まさに人の世の栄枯盛衰《えいこせいすい》、諸行無常《しょぎょうむじょう》をあらためて痛感したと、篠田師はしみじみと語られた。

境内には「林芙美子滞在地記念文学碑」があり、そこからは、当時林芙美子が滞在していた木賃宿のあった場所が見えるようになっている。記念碑は、西徳寺境内の一番閑静で町を俯瞰《ふかん》できるところにひっそりと建っていて、林芙美子の波乱万丈の人生を追悼《ついとう》しているかのようでもあった。

梟《ふくろう》と真珠《しんじゅ》と木賃宿

林芙美子

定った故郷をもたない

私は

きまったふる里の家を

もたない私は

木賃宿を一生の

西徳寺にある「林芙美子滞在地記念文学碑」

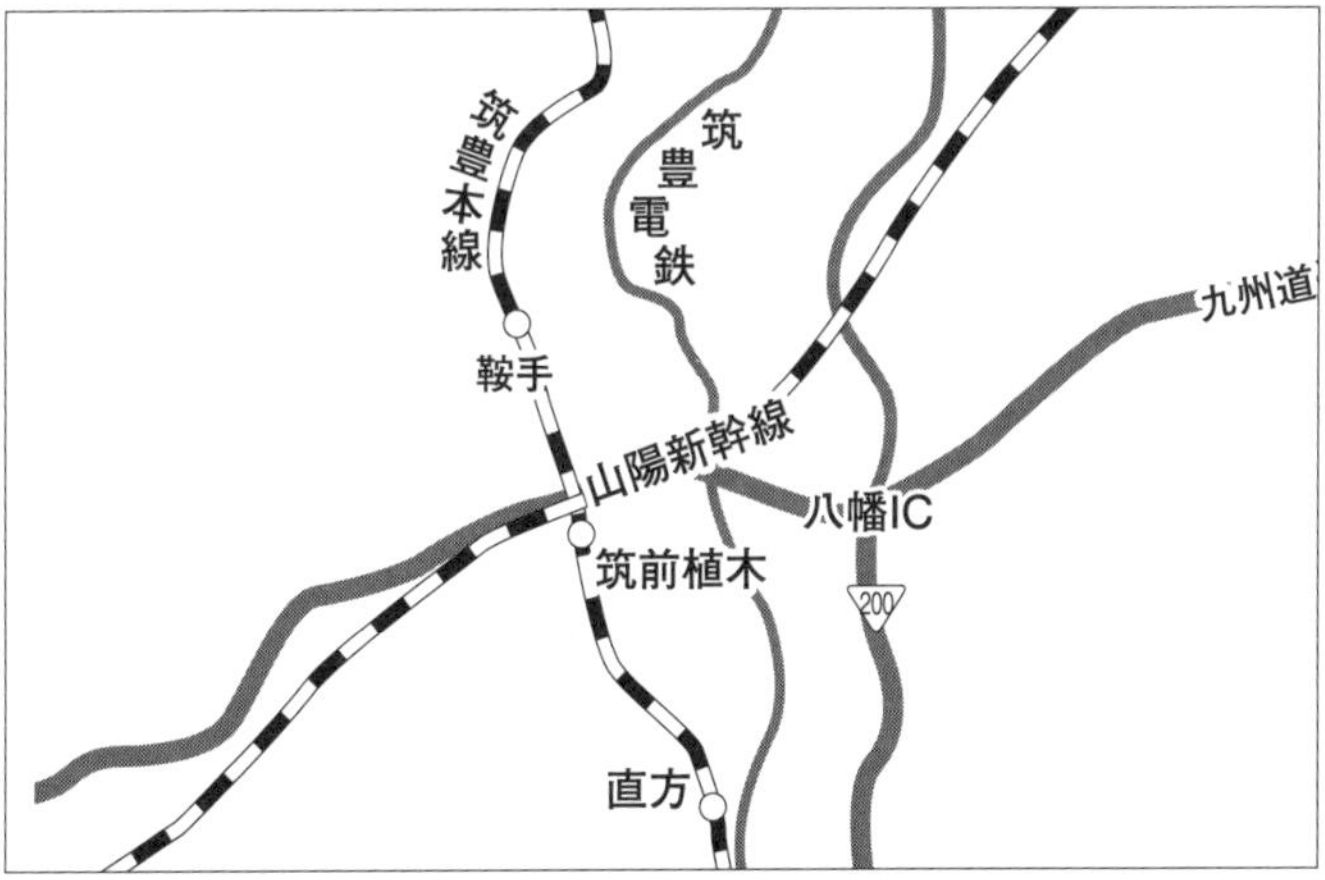

▶福岡県直方市への交通→ JR 筑豊本線直方駅下車。車では、九州自動車道八幡 IC で降りる。

古巣としている
雑草のやうな
群達の中に
私は一本の草に
育まれて来た

分厚い黒の石板に白字で刻み込まれた林芙美子の歌である。また、記念碑の裏には、この記念碑建立の由来が、次のように刻まれていた。

建立
直方市明神町
商人宿　入口屋

宿主　栗原末吉の長女　渡辺ヤエノ

明神町入口屋に投宿した直方滞在時の林芙美子は十二才　渡辺ヤエノ（西徳寺門徒／著者注）は十五才であった。「ヤエ姉ちゃん、ヤエ姉ちゃん」と言って共に遊んだ活発な娘さんだったそうである

その十二才の少女が手甲脚絆《てっこうきゃはん》を身につけて明神町から知古芝原を通り新出渡し（現三中横）を渡って木屋瀬から香月や中間の炭坑の町まちを辻占の箱を抱えて売り歩いていたと言う

その疲れ果てての帰り、渡し船を上ってからうす暗くなった広い洪水敷地の道をとぼとぼと歩いたであろう姿が目に浮かぶようである

「放浪記」の中では大正町の馬屋と書いてあるが、事実は明神町の入口屋であり宿主が馬と馬丁を置いて搬送業と宿を兼業していたので馬の記憶から馬屋になったのであろう

栗原、渡辺家の菩提寺である西徳寺殿の御理解に依り此處に林芙美子の文学碑を故人渡辺ヤエノが遺した資産で建立して渡辺ヤエノの永代供養とするものである

平成五年五月吉日

代表発起人　栗原宗数

全文責　松尾義明（以下略／著者注）

花の命は短くて

先述した井土《いづち》住職から、この地の人びとは、炭坑で栄えて経済発展した時代と、炭坑閉鎖による経済の逼塞《ひっそく》したころの両方の経験をもっている方が多いので、『歎異抄』（親鸞の弟子唯円《ゆいえん》作）後序の、「煩悩具足の凡夫火宅無常の世界は、みなもて、そらごとたわごとまことあることなきに、ただ念仏のみぞまことにてわはします」

の教説は、みな実感しているはずであると聞かされたことがある。つまり筑豊《ちくほう》の町全体が、「のぼって、落ちた」経験をしたのである。

親鸞聖人の「あすありと思う心のあだ桜　夜半《よわ》に嵐《あらし》のふかぬものかは」、また、蓮如上人の「朝《あた》には紅顔《こうがん》ありて、夕《ゆうべ》には白骨《はっこつ》となれる身なり」(「白骨の御文章《ごぶんしょう》」)の作があるが、これらの文は、林芙美子の「花の命は短くて、苦しきことのみ多かりき」の文と重なり無常《むじょう》を感じるのである。この言葉は林芙美子がよくサインなどしたときに色紙に書かれたそうである。

また「苦しきことのみ多かりき」も、「白骨の御文章」の「紅顔《こうがん》むなしく変《へん》じて、桃李《とうり》のよそおいを失いぬるときは、六親眷属《ろくしんけんぞく》あつまりて、なげきかなしめども、さらにその甲斐《かい》あるべからず」と重なる。

「花の命は短くて」も「おおよそはかなきものは、この世の始中終《しちゅうじゅう》まぼろしのごとくなる一期《いちご》なり。(中略)一生過ぎやすし」などと重なりあい「苦しきことのみ」

などは、「生《しょう》 老病死《ろうびょうし》」の人生の四つの苦《く》、さらには「求不得苦《ぐふとっく》」「愛別離苦《あいべつりく》」「怨憎《おんぞう》会苦《えく》」「五蘊盛苦《ごおんじょうく》」などの四苦八苦《しくはっく》の、人生は「苦だらけ」の仏教観と同種のものを感じるのである。

林芙美子はそんなとき「お念仏」は出なかったかもしれないが、生き方や作られた詩などを味わうと、仏教の無常を肌で感じとった「感覚的妙好人」と言えるように思う。

お釈迦様に恋

彼女の人生苦の中から、お釈迦さまに救いを求めた一篇の詩が『放浪記《ほうろうき》』の中に出てくるので紹介したい。

お釈迦様

五月×日

私はお釈迦様に恋をしました
仄《ほの》かに冷《つめ》たい唇に接吻《くちづけ》すれば
おおもったいない程の
痺《しび》れ心になりまする。

ピンからキリまで
もったいなさに
なだらかな血潮が
逆流しまする。

林芙美子

心憎いまで落ちつきはらった
その男振りに
すっかり私の魂はつられてしまいました。

お釈迦様！
あんまりつれないではございませぬか！
蜂《はち》の巣のようにこわれた
私の心臓の中に……
お釈迦様
ナムアミダブツの無常を悟《さと》すのが
能でもありますまいに
その男振りで

炎のような私の胸に
飛び込んで下さりませ
俗世に汚《けが》れた
この女の首を
死ぬ程抱きしめて下さりませ
ナムアミダブツの
お釈迦様！

林芙美子著『放浪記』（ハルキ文庫）より

この詩に、作者、林芙美子の貧困と逆境の生活苦にあるときも、「南無阿弥陀仏」への無条件な帰依《きえ》（信心）を感じるのである。

林芙美子

のちに林芙美子の作品はベストセラーとなり、苦労の旅を共にした母と身に余る生活をするのだが、著名になった彼女を親戚などと名のって詐欺《さぎ》を騙《かた》る者も現れる。彼女はそんな人にも交通費と宿代を持たせて帰らせるのである。そんな行動は妙好人「有福の善太郎さん」や「因幡《いなば》の源左《げんざ》さん」などと非常によく似ているのである。

苦労の甲斐《かい》あって、財と名誉を手にし、一世《いっせい》を風靡《ふうび》した林芙美子だが、若き日の苦労生活が彼女の体を蝕《むしば》んだのか、昭和二十六（一九五一）年六月二十八日、心臓弁膜症で四十八歳の若さで、その波乱に満ちた生涯を閉じたのである。作品は『放浪記』のほかに『清貧《せいひん》の書《しょ》』『晩菊《ばんぎく》』『浮雲《うきぐも》』などがある。

林芙美子
昭和二十六（一九五一）年六月二十八日往生
行年四十八歳

博多の明月と七里恒順師

博多人形

福岡空港の売店で、美人の博多人形がよく目に止まる。福岡に行く機会はよくあるが、かつてあまり目に入らなかった博多人形が、年のせいなのか、自身の心中に何か思いがあるのか、気になるようになった。どんな思いで作品が作られたのだろうか。私には、「作品」には作る人の思いや人生観が強く込められているように感じられた。

「美人物」「武者物《むしやもの》」「季節物」「能物《のうもの》」「童物《わらべもの》」などがある。やはり博多人形の代名詞としてとらえられているのは「美人物」であろう。その容姿端麗な和服姿の色鮮やかさにはこの世を越えた美的表情があり、絶品である。作品には「鳳凰《ほうおう》」や「舞牡丹《まいぼたん》」、なかには「風のささやき」などと、それぞれ思いのこもった名がつけられている。

また博多人形のように美しい人物がいる。「明月《めいげつ》」（一五五六〜一五七八）という美人の真宗信者で、その墓は、市内祇園《ぎおん》にある浄土真宗本願寺派萬行寺《まんぎょうじ》にある。

博多人形の美人物や「明月」ことお秋《あき》の姿をじっと見つめていると、その美しい曲線の中に時折自身が、何か怖さや淋しさのような陶酔境の深淵に入っていくように思われる。佳人薄命《かじんはくめい》というが、短命でこの世を去った者の言うに言われぬ思いが、伝わってくるようである。

この明月は、萬行寺五代住職、正海和上《しょうかいわじょう》の教化を受けた。正海和上はもとは越前（福井県）の小浜十万石の城主であり、武人としても優れた方であったらしい。

萬行寺の歴史

戦国時代、織田信長の時代には、本願寺にとっても、世に言う「石山合戦《いしやまかっせん》」があり、宗門にとって、法灯《ほうとう》を守るための一大戦争があった。その時に、七里三河守《しちりみかわのかみ》順宗《じゅんしゅう》として参戦し武勲《ぶくん》があったという。本願寺はその時の功績に、第十一代法主顕如《けんにょ》上人が寺紋《じもん》（おもがた毛利氏紋）に対して特別許可の恩賞を認めたという記録がある。この博多の萬行寺の十九代住職が七里恒順《しちりごうじゅん》和上（一八三五〜一九〇〇）である。

萬行寺は享禄二（一五二九）年に、空性《くうしょう》によって開基された。七里和上は、慶応元年（一八六五）三十一歳で住職になられているので、明月の物語は、そのころより約三百年前の話になる。

明月の生涯

明月（秋）の父は今の岡山県の郷士《ごうし》で、窪屋與次郎一秋《くぼやよじろうかずあき》という武士であった。また真宗に帰依《きえ》する篤信者であった。顕如上人に仕え、信長と戦ったのである。この父に随順し、出会ったのが、七里三河守順宗であった。後の正海和上である。

この頃お秋には郷里に伏岡金吾《ふしおかきんご》という許婚者《いいなずけ》がいた。やはり同じ藩（備中《びっちゅう》）の郷士である。ところが、同藩の指南役《しなんやく》の矢倉監物《やくらかんもつ》が、お秋（名月）の美貌に心を奪われ、許婚者の伏岡金吾を殺し、お秋を自分のものにしようと企《たくら》んだのである。監物は許婚者の伏岡金吾を殺そうとしたのだが誤って金吾の父を殺し、九州へ逃亡した。

お秋は石山合戦で父を失い、一人で父の遺骨を持って帰郷するが、母もすでに亡くなっており、お秋はいよいよ一人になり、頼るは許婚者の金吾ただ一人となった。その金吾は父の仇討《あだうち》のため、九州へ逃げている矢倉監物を追っていたのである。金吾はついに、筑前《ちくぜん》（福岡）で監物を捜《さが》し出し、仇討を果たすのだが、自分も深手を負い絶命したのである。

一人になったお秋は絶望の日々を送り、入水《じゆすい》自殺をするのである。ところが、幸か不幸か、お秋は人買いによって助けられ、また美貌に目をつけられ、博多柳町の遊廓に遊女として売られていくのである。その源氏名を「明月《めいげつ》」と言った。今日は源氏、明日は平氏といった、ただ生きているだけの屈辱の日々を過ごす生活である。

そんな時、お秋は父母や許婚者の金吾の法要のため、近くの萬行寺に参詣《さんけい》した。そこで、奇遇なことに、あの石山合戦のときに出会った七里三河守こと、正海和上と再会したのである。和上はその時、萬行寺の五代住職となられ、衆生《しゆじよう》を教化《きようけ》されていたのである。

お秋も正海和上の教化を受け、阿弥陀仏を頼む信心の道に傾いていくのである。

やがてお秋は仏の慈悲《じひ》に遇えたのか、念仏を称《とな》える身に育てられ、往復三キロもある萬行寺へ念仏を称えながら参るほどにまで、信心深く育てられるのである。

一度地獄に落ちたものが、お慈悲のまこととお念仏をよろこぶ身と転《てん》じたのである。

法然と遊女

遊女が阿弥陀仏のお慈悲に救われたという話は、法然さまが、念仏弾圧によって讃岐《さぬき》方面に配流《はいる》されてゆく途中、播磨《はりま》の国（今の兵庫県）の室《むろ》の泊《とまり》（今の揖保郡《いぼぐん》御津町にある港）についたときの話にもある。

性に対する罪悪感も現代とはかなり違うので、時代背景も考えねばならない。

小船に乗った遊女たちは、法然さまのうわさを聞いていたのであろう。

「都《みやこ》から法然さまという偉いお坊さまと、その御一行《ごいっこう》さまがここを（室の泊）を通られる。その時、本当に私たちのような穢《けが》れた身の遊女でも、弥陀のお慈悲をたのみ念仏すれば救われるものか」と、法然さまに尋ねたい切実な思いがあったのであろう。

法然さまは「弥陀《みだ》の本願をたのみ念仏すれば必ず救われ、往生《おうじょう》することは疑いありません」と答えたので、遊女は歓喜《かんぎ》して涙を流して念仏に帰依したという。身を落とし、また地獄に落ちた者こそが阿弥陀仏の救いのめあてなのである。この本願の力によって救われていくという教えは、法然さまが讃岐へ到着したとき、自らの心境を次のようにうたったのである。

いかにしてわれ極楽《ごくらく》にむまれまし
みだのちかひのなきよなりせば

仏さまの救いの誓願《せいがん》がなければ、この私（法然）は、他にどんな方法で救われるのでしょうか。松山というところで、桜を見ながら詠《よ》んだので、「松山観桜《まつやまかんろう》」といい、人びとに感動をあたえた。

この話は建永《けんえい》二（一二〇七）年の、親鸞さまも法然さまも流罪になったときのことなので、「明月」が遊女としてつらい日々を送っていたときより約三百七十年前になる。

この話は現代でも考えてみる必要がある。

地獄より救われし身

明月も正海和上に再会できたとき、時空《じくう》の流れは二人を教化する僧と教化される遊女に変えていたのである。明月も阿弥陀仏のお慈悲のまことに触れ、地獄より救われし身を痛感したのであろう。

明月の話は単なる昔話ではない。いかに文明が発達しても、人間の社会がある限り、不条理な出来事や不憫《ふびん》な話は尽きないのではないだろうか。

人は時には「筋や道理」よりは、不条理と差別で裁《さば》かれる場合が少なくない。文明生活といわれても、孤独地獄《こどくじごく》という側面はないか。核家族化の中で、「個人主義的自由生活」のつけが来たと言えないか。

賑《にぎ》やかだがどこか淋しいこの社会。人ごみの中にいても携帯電話が離せないという現象は、今や子どもや青少年だけではなくなったのではなかろうか。

短い生涯を孤独と屈辱と自らの罪悪感の中で生きた明月こそ、仏の慈悲とまことの救いを歓喜したことであろう。

ここに親鸞さまの和讃（高僧和讃）に説くように、罪障《ざいしょう》と功徳は「氷」と「水」の関係で大きな氷が溶ければ水が多くなる。つまり、罪障の大きい人間ほど、功徳も多くなるのである。罪の大きいものほど、本願念仏に出遇えば、救いも、功徳も多大であると説くのである。

罪障功徳《ざいしょうくどく》の体《たい》となる
こほりとみづのごとくにて
こほりおほきにみずおほし
さはりおほきに徳《とく》おほし

つまり地獄一定《じごくいちじょう》の者は往生も一定《いちじょう》なのである。真宗のありがたい教えである。

□蓮華の話

やがてお秋は遊女の苛酷な生活の中で、病の身となり、二十二歳の生涯を閉じた。まさに佳人薄命《かじんはくめい》であり、絶世《ぜっせい》の美女、お秋の命は若くして終焉したのである。お秋の遺体は萬行寺の境内に葬られた。お秋の葬られたところから白蓮華の花が咲いたという。寺社奉行の許可を得、土まんじゅうを掘りおこしたら、蓮華の茎《くき》が

萬行寺にある明月の墓

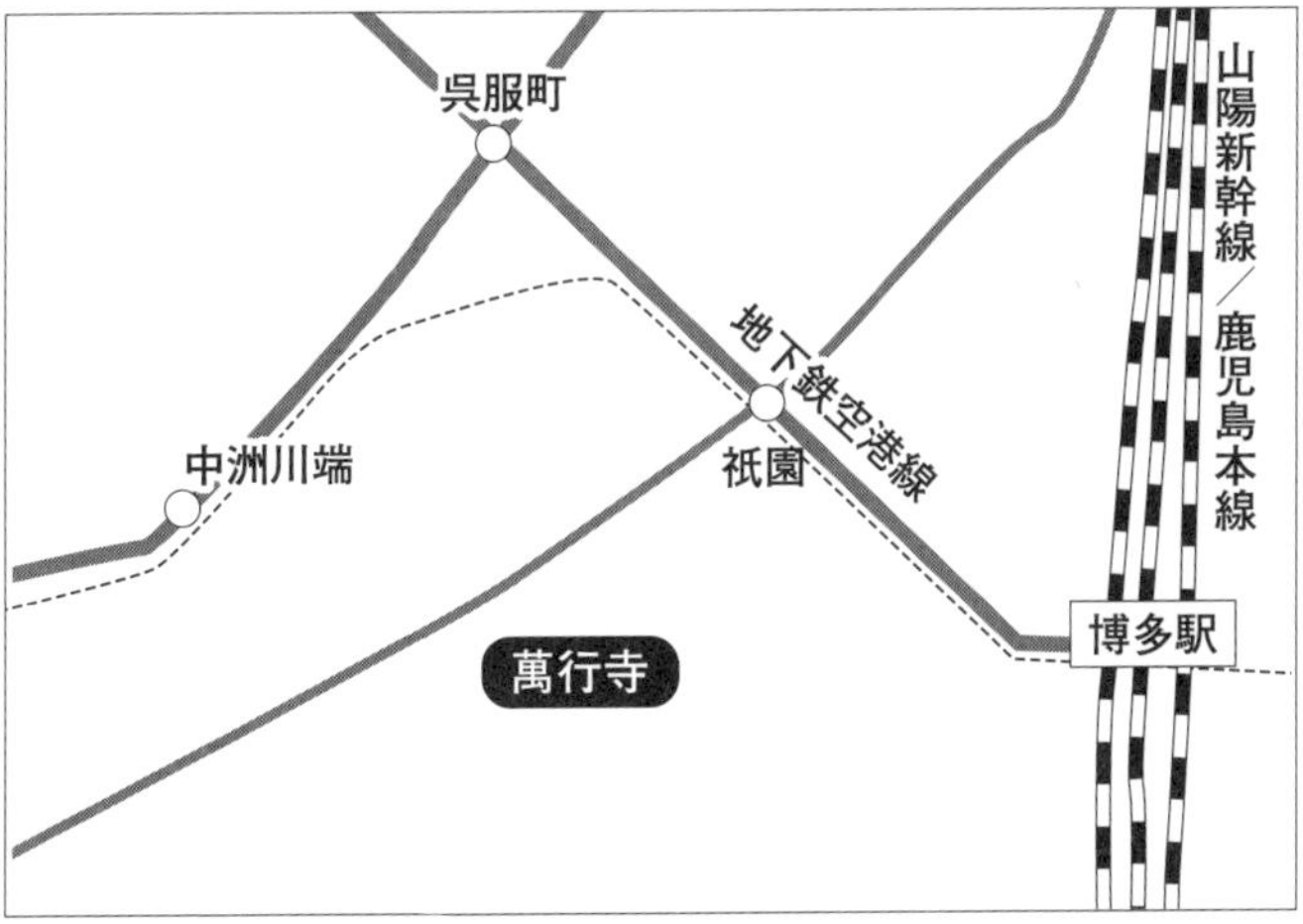

▶博多の萬行寺への交通手段→ JR 博多駅、もしくは地下鉄空港線祇園駅から徒歩でいくことができる。

あり、それをたどったところ、なんとお秋の口にたどりついたというのである。

この口蓮華の話がもとになり、『妙好人明月信尼《みようこうにんめいげつしんに》』の物語が生まれ、萬行寺では今なお、名僧七里恒順和上とともに、真宗門徒に語りつがれているのである。

明月の遺言によって、明月が身につけていた錦《にしき》の帯で正海和上の七条袈裟《しちじようけさ》が作られ、今もこの袈裟は萬行寺に保存されている。

七里恒順和上

この萬行寺の十九代住職となられた方が、七里恒順師である。師は鋭い比喩《ひゆ》と熱意の説法をもって多くの門徒を教化された。十一歳で得度《とくど》（僧侶になること）し、学《がく》僧《そう》、僧郎《そうろう》師、宣界《せんかい》師、月珠《げつしゆ》師、宣正《せんしよう》師、慶忍《きようにん》師、南渓《なんけい》師の錚々《そうそう》たる学僧について学ばれた。そのころ「法《ほう》（仏法）を聞くなら萬行寺に行け」とまで言われ、寺の周辺には宿泊の体制も整っていたので、全国から多くの真宗門徒が集まってきたのである。

萬行寺は現在、JR博多駅のすぐ近くにあり、坊守さまは、「七里恒順和上が在世時代には山陰の妙好人、浅原才市さんもご聴聞《ちょうもん》に来られましたよ」と話された。「妙好人」と言えば、元龍谷大学教授の朝枝善照先生が浮かぶ。朝枝先生の浄泉寺（島根県邑智郡邑南町市木）は、著名な真宗学者である、仰誓《ごうぜい》（一七二一〜一七九四）、履《り》善《ぜん》親子が入寺している。特に仰誓師は、篤信《とくしん》の真宗信者の話を集めて『妙好人伝《みょうこうにんでん》』を編集されたことで有名である。故朝枝善照先生も妙好人の研究に力をそそがれた。日本ペンクラブ会員でもあり、種田《たねだ》山頭火《さんとうか》（出家文学者、俳人）を研究された方でもある。

七里和上の「念仏行者は水晶玉《すいしょうだま》」、「名利《みょうり》は影法師《かげぼうし》のごとし」などのたとえ話はなかなか絶妙で面白い。透明な水晶玉を清い心にたとえている。丸くて、透明な水晶玉を赤い紙に転《ころ》がせば赤く見え、緑の木の葉の上におけば緑になる。つまり心を清くしておけば、人の心やものごとがよく見えるということなのである。

「影法師」のたとえも、月を背にして影法師（名誉や財）をとらえようとすれば、それらは逃げ、月に向って歩けば、影法師（名誉・財）はついてくるなどのたとえは、なかなかユーモアもある。こんな皮肉も言っている。


このごろの僧侶はこの理《ことわり》を知らず、無闇《むやみ》に金銭を欲しがり、強いてこれをつかまんとするがゆえに、金銭の影法師はますます逃げて、ついにこれをつかまえること能《あた》わず。生涯貧乏にあるなり。

これに反して、金銭などに一向に目をかけず、一心に仏道を修行し、仏意《ぶつい》を伝うるときは、金銭の財施《ざいせ》は自《おのずか》ら、その身に随《そい》くるものなり。影の形に随《そ》うがごとく、いやでも随《そ》いて離れず。これを道心《どうしん》の中《うち》に衣食《えじき》ありといえり。

（萬行寺発行『七里和上法話聞書』平常談話の部より）

普通、僧侶を妙好人とは呼ばないが、七里和上自身も、その法話集などを読んでいると、篤信の「妙好人」そのものと言えるのではと思うことがある。

思うに妙好人とは、学問があろうがなかろうが、水晶玉のたとえのように、心が透明でかつ清浄《しょうじょう》な信心の玉が言動の発信源になっているように思うのである。つまり信心から出る行動である。

念仏しなされや

最後に七里恒順和上の歌を紹介したい。

てらしみるほとけわがみにそいければ
ただあさ夕にうれしはずかし

萬行寺には七里恒順和上が常に言われていた「念仏しなされや」の言葉が、寺の境内の石碑に刻まれ、また本堂の中には大きな板に刻まれ、天井近くに貼りつけられている。

この短い言葉に、今も七里和上の熱意と信念の生き方を思うのである。

明月と七里和上の墓は、現在都心のビルの谷間にある。明月の短い生涯を思うと、人間いつどこで一人ぽっちになるかわからないと痛感する。

「人世間《ひとせけん》愛欲《あいよく》の中にありて、独《ひと》り生まれ、独《ひと》り死《し》し、独《ひと》り去《さ》り、独《ひと》り来《きた》る」と『仏説無量寿経《ぶっせつむりょうじゅきょう》』の中にあるが、これが真実の人間の相《そう》なのであろう。

「朝《あした》には紅顔《こうがん》あって、夕《ゆうべ》には白骨《はっこつ》となれる身《み》なり」（蓮如上人「白骨の御文章」）とは、私たちの毎日の生活と常に隣りあわせなのである。

博多の明月
天正六（一五七八）年二月七日往生
行年二十二歳

七里恒順師
明治三十三（一九〇〇）年一月二十九日往生
行年六十六歳

あとがき

私が「妙好人めぐり」の旅をはじめたのは二十五年くらい前からでしょうか。大阪の津村別院（北御堂）で、本願寺派布教使の牧野専精《まきのせんしょう》師と出遇ったのがきっかけでした。

師のお説教やご法話は可能な限り聴聞《ちょうもん》し、時には布教先のお寺の裏方まで同行《どうこう》の許可を得て師の礼儀作法を見習いました。今思えばよく許していただいたと、当時を思い出すたびに恐縮しています。

師の法話には必ず「妙好人」が登場しました。よく聞かせていただいたのが「浅《あさ》原才市《はらさいち》さん」「讃岐《さぬき》の庄松《しょうま》さん」「六連島《むつれじま》のお軽《かる》さん」「良寛さん」「一休さん」たちの話でした。

師が亡くなられたのは平成九年八月ですが、生前、師は小生に「時間ができたら「妙好人」を書きたい」とよく言われていました。私も、師といつか「妙好人めぐり」をし、執筆の手助けでもしようと勝手に思っていましたが、その後も金沢、京都、大阪で本願寺の別院輪番として、さらに多忙を極め、妙好人を書くことを実現せずして、七十四歳でお説教中に倒れ、浄土に行かれました。

ご生前、師は小生によく「お念仏をお伝えしてください」とおっしゃっていました。師について十三年間、小生自身が半ば「おっかけ同行《どうぎょう》」として師のお説教などを研究させていただきました。それがご縁で「妙好人めぐり」がはじまった訳であります。

また、奈良新聞社の社長、甘利治夫氏が編集部におられたころより、「宗教のページ」によく掲載していただきました。

一般的に意味の分かりにくい「妙好人」を奈良新聞社編集部の方のご理解を得て、連載までしていただき、深く感謝しております。本書に収めた「六連島のお軽さん」から「良寛さん」までの八人の原稿は、奈良新聞連載（二〇〇五［平成一七］年六月一四日より二〇〇六［平成一八］年五月二三日まで）の原稿に加筆したものです。転載を了承くださった甘利治夫社長と、途中から編集を担当された北岡和之氏に心より御礼申しあげます。なお、「林芙美子」「博多の明月と七里恒順師」の二本の原稿は、本書刊行に際し、今回新たに書き下ろしたものです。

また、小生の訪問を快諾していただいたお寺の先生方、住職婦人の方々に深く感謝いたします。また、最終的なところで編集制作にご尽力いただきました仏教書編集者の池田顕雄さん、法藏館編集部の岩田直子さん、僧侶作家で日本ペンクラブ会員の向谷匡史先生に、深く感謝致します。

このように「妙好人めぐり」は多くの方々の協力を得て、ついに出版の運びとなりました。

数年前に、小生が日本ペンクラブ（会長・浅田次郎）主催の「ペンの日」に新人として挨拶をしたあと、当時日本ペンクラブ幹部の立松和平氏が、妙好人の話をするために語りかけてくれたことも励みになっています。立松氏も五木寛之氏との共著『親鸞と道元』（祥伝社）の中で語られているように「妙好人」には大変関心をもっておられました。その著書の中で五木氏と「愚」をテーマにし、「知性の知」と「無分別（愚）の知」を語り合っているところはなかなか興味深いです。そんな出遇いもこの「妙好人めぐり」の完遂に勢《はず》みをつけたと言えます。

拙書が、災害や事故、事件の多き昨今の世の中で、わずかでも読者の方々の生きる支えとなることを願いつつ、筆を置かせていただきます。

二〇一二年九月一日

伊藤智誠

伊藤智誠（いとう　ちじょう）
1953年生、大阪府出身。1975年に龍谷大学文学部真宗学専攻を卒業後、イギリスに留学。帰国後、1978年に龍谷大学文学研究科修士課程を修了。その後、2009年まで高校教員をしつつ、大阪府泉北で都市開教に従事し現在に至る。称名寺大阪分院長。本願寺派布教使。日本ペンクラブ会員。
著書に『道を求めて―親鸞そして今』（求道社）、監修に『日本人として心が豊かになる仏事とおつとめ』（青志社）などがある。
自坊は奈良川西町称名寺。

妙好人めぐりの旅――親鸞と生きた人々
二〇一二年一〇月二〇日　初版第一刷発行

著　者　伊藤智誠
発行者　西村明高
発行所　株式会社 法藏館
京都市下京区正面通烏丸東入
郵便番号　六〇〇-八一五三
電話　〇七五-三四三-〇〇三〇（編集）
〇七五-三四三-五六五六（営業）

印刷・製本　亜細亜印刷株式会社

ISBN978-4-8318-2353-3 C0015